就職経験なし 知識なし からでも
始められる!

「即決営業流」
★ ★ ★ ★ ★
保険営業術

Eimoto Tomoko
栄本 友子 著

セルバ出版

はじめに　営業力がある人が生き残る時代。実力をつけるなら今！

保険営業の仕事はなくならない

ＡＩ（人工知能）の進化により、私たちの仕事の約半分が、今後10年ほどで消えてしまうと言われています。

現に10年前は人の手で行われていたことの多くが、今や「ＡＩ様にお任せ」です。キーワードを入力するだけで必要なテーマの画像ができたり、商品をセルフレジに置くだけで支払いまでできたりします。

スタッフが削減されるのは言うまでもありません。

しかし、そんな流れの中でも「保険営業の仕事はなくならない」と私は断言します！

理由は次の通りです。

①保険は生活に密接に関わるサービスなので、個々のお客様のニーズに合ったプランを提案するには信頼関係が不可欠

②多様なリスクやニーズを保険でカバーする必要があるが、ＡＩだと一律で限定的な対応

になりやすい
③ＡＩは幅広い情報提供や統計が得意だが、目の前のお客様の本音に寄り添ったアドバイスは得意ではない
④クレーム処理や顧客サポートについて、ＡＩは一部の自動化やプロセス改善に役立つが、感情的な手助けまではできない
⑤保険加入はお客様と家族の重要な決定事項であるため、不安や疑問を解決してよりよい結論を出すには、ＡＩよりも人との対話を通したほうが安心感を与えられる

さらに、今は市場にものやサービスがあふれて、どの商品も「どんぐりの背比べ」状態。もし画期的な新商品が発売されたとしても、半年後には、競合他社から類似商品が次々と誕生するでしょう。

ですから、消費者の基準は「何を買うか」から「誰から買うか」に変化しています。

つまり、似たような保険なら、営業マンとの信頼関係で加入するかどうかが決まるのです。

だからこそ生命保険営業マンは、商品のよさや新しさだけに頼らず、営業力を磨き続けなければなりません。これが、ＡＩ時代を生き抜く秘訣です。

大人の営業力を磨き続ける

では、営業力とは一体何なのでしょうか？

それは、お客様の心を開かせ、ニーズを引き出し、問題提起を行い、解決に向かわせる誘導力、そして、成約に導く交渉力です。

そこには、コミュニケーション能力や、ヒアリング力、表現力、リーダーシップなども含まれます。

実は、人生を切り拓く力も同じです。

例えば、生まれたての赤ちゃんが、とびきりの笑顔や泣き声で周りの人を動かすのも、生きるための営業活動と言えるでしょう。でも、大人になってしまったら、そんな幼稚な手は使えませんよね。

つまり、豊かな人生を築きたければ、「大人の営業力」が必要なのです。

一方、いつも人生がうまくいかない人には共通点があります。そもそも「要求を人に伝えていない」、もしくは「要求を通すのがヘタ」、このどちらかです。

「それ、私やん！」とグサッときた方もいらっしゃるかもしれませんが、本書を読めば変わっていけるのでご安心くださいね。

私は営業歴28年。現在は「即決営業」という会社で、営業マンや企業のスキルアップ研修を担当しています。

その中で、これまで1000人以上の方から相談を受け、営業成績やマインドのお悩みを一緒に解決してきました。

今回、寝る間も惜しんで筆を執ったのも、「もっと多くの生命保険営業マンの力になりたい」と思ったからです。

保険営業で成功する人にも、失敗する人にも一定のパターンがあります。

本書ではそれを明らかにして、さらに具体的な改善策もしっかりお伝えしていくので、営業にまだ全然自信がないあなたもきっと、「これならできる」と感じていただけるはずです。

真の営業力を身につければ、いつでも、何でも売れるようになります。何でも売れるようになれば、会社が変わっても、商品が変わっても、すぐにお客様の役に立てるでしょう。

もちろん、起業独立の際の販売ルートも営業力で開拓できるので、「商売の命綱」にもなり得ます。

つまり、どんなビジネスでも成功できる自由が手に入るのです。

そんな希望を胸に抱いて、今日からは年収1000万円以上へのシャイニングロードを一緒に歩んでいきましょう！

2024年4月

即決営業認定プロトレーナー　栄本　友子

※本書では、病名については「ガン」と表記し、「がん保険」については「がん」と表記しています。

就職経験なし・知識なしからでも始められる！　「即決営業流」保険営業術　目次

はじめに　営業力がある人が生き残る時代。実力をつけるなら今！

第1章　営業人生ドン底3回！　背水の陣が私を強くした！

1　営業人生ドン底1回目　15
2　営業人生ドン底2回目　16
3　営業人生ドン底3回目　17
4　ドン底から抜け出した先に見えたもの　18

第2章　甘い言葉でスカウトされたが……9割が脱落する現実

1　「あなたが必要」「うちに来たら稼げるよ」と誘われて保険営業の世界に入る　23
2　「時間が自由」「人脈がなくても大丈夫」「サポートしますから」は何だったの？　25
3　保険営業スカウトのカラクリ　28
4　年収1000万円なんて夢のまた夢……アレを持たないと1年以内に脱落する　31

5　本当に生命保険営業は稼げない世界なのか？　33

第3章　だからあなたは脱落する！　9割がまんまと陥る5つの失敗パターン

1　「私のために入って」というお願い営業　40
2　お客様にリスクをイメージさせられない　43
3　嫌われないことを優先させてしまう　46
4　紹介に頼ってギブアンドテイクの「ギブ」を怠る　48
5　そもそも受け身でなりゆき運任せ　52
●コラム1／人が誰かを紹介しようと思うとき　56

第4章　営業で成功する人はここが違う！　デキる人の5つの習慣

1　人脈を自力でつくる　60
2　フォローの積み重ねを怠らない　64
3　常に「お客様のために」を優先して話の中心を自分や商品にしない　67

4　営業スキルの向上に余念がない　70
5　はっきりとした目標がある　72
★まとめ　「売れる人」と「売れない人」との決定的な違い　78
●コラム2／カチッサー効果と訴求のコツ　79

第5章　即決営業流「マル秘」営業術

1　そもそもなぜ「即決」なのか　88
2　声かけの王道「引っかかりトーク」とは　93
3　引っかかりトークは「機会損失」を強調せよ　96
4　お客様に質問する際のNGパターンとその回避方法　100
5　「引っかかりトーク」で反応しない人は追わない　105
6　生命保険に入っていない人よりも入っている人をターゲットにすべし　107
7　掛け捨て型は「貯蓄性」「保障性」で見直せ　110
8　商品説明は「おすすめポイント」3つに絞れ！　114
9　「支払事由」の説明には手を抜くな　117
10　お客様が理解しやすい言葉を選べ　123

11　自分の思いをのせた「決めゼリフ」を必ず入れよ　125
★まとめ　即決営業流「マル秘」テクニック11か条　135
●コラム３／人は理屈ではなく「ストーリー」で買うの？　136

第6章　即決営業流で成功した保険営業マンたち

1　「即決営業流」を学んで6か月でMDRTを達成　142
2　初級研修受講後に5件成約、2か月後に大口案件を獲得　144
3　所長から見捨てられていたのに営業所でトップに！　145
4　本研修受講後に「契約率100％」を達成！　147
5　学びを部下に共有したら営業所の売上が2倍に　148
●コラム４／部下育成のコツ　150

第7章　「即決営業」Q＆A

Q1　「株式会社即決営業」ってどんな会社ですか？　156
Q2　「即決営業研修」はどんな業種で有効ですか？　158

Q3　「即決営業研修」はどんな内容ですか？　159
Q4　長年の「経験則」で成功できないのはなぜですか？　161
Q5　「即決営業流」は独学でも習得できますか？　161
Q6　「即決営業研修」に参加条件はありますか？　162
Q7　「本研修」の参加費を抑えられませんか？　163
Q8　人と話すことが苦手でも保険営業で成功できますか？　165
●コラム5／代表の堀口龍介氏とのつながり　169

おわりに　最後までお読みいただいたあなたへ

第1章

営業人生ドン底3回！背水の陣が私を強くした！

営業術で大切なのは再現性

営業術や生命保険業界の話をする前に、少し私の営業人生についてお伝えさせていただきます。

私は30歳を機に、営業職に転職しました。今でこそ、営業研修の講師をするまでになりましたが、実は、これまでに営業だけで人生のドン底を3回も味わっています（営業以外も含めたら、もっと味わっていますが……）。

でも、なんとか這い上がる度に営業ノウハウが蓄積され、そこから誰が実践しても成功できるような「再現性」を見出していきました。

実は、営業術で大切なのは心理学と脳科学にもとづく再現性です。再現性の高いノウハウさえ手に入れれば、もう毎月の「売上の波」に悩まされることもありません。

なぜなら、運や経験則と違って、心理学と脳科学は、約8割のお客様に当てはまるからです。

ドン底を3回も味わっても復活できた人間がここにいるのですから、本書から学べば、ドン底に陥る前にどなたでも成功できるはずです。このことを励みにしてくださいね！

1　営業人生ドン底1回目

自力で這い上がるしかない時代

大学入試教材の訪問販売会社に勤務して間もない頃、私は彗星のごとく現れ、入ったアポはすべて即決でバンバン決めてくるスタープレイヤーでした。

新人賞を取るなど華々しいデビューを飾り、初任給は70万円。もう相当、調子に乗っていたと思います（笑）。

ところが、受賞の翌月から実績急降下！　天狗のプライドはズタズタです。

さらに1年以上の低迷を続け、スター時代の貯蓄も尽き果て、貧乏生活を余儀なくされてしまいました。

家のガスも止まり、冬場に水のシャワーで頭と体を洗うという非常事態に直面。しかも冷蔵庫には「そうめん」のみ……。今、思い出しても震えます。

30年近く前ですから、ネットの普及もなく、営業ノウハウなどタダでは手に入らない時代です。先輩や上司の背中を見て、自力で這い上がるしかありませんでした。

私は歯を食いしばり、即決契約に特化した成功パターンを追求し、体得していきました。

その努力が半年かけてようやく実りはじめ、ついに社内コンテストでのエリア戦・オフィス戦・チーム戦の優勝に大貢献し、レディース戦でも準優勝するなど、数々の実績を残せるようになりました。

月収は１００万円を超え、年収１０００万円プレイヤーに成長できたのです。

その会社は業界最大手の教材訪問販売会社で、１０００名以上の営業マンが在籍していました。のちに「即決営業」の創始者となる堀口も入社し、私が面接を担当したのを懐かしく思い出します。

2　営業人生ドン底2回目

連鎖倒産で努力が水の泡に

このあとは、京都の四条烏丸にて大学受験予備校の立ち上げに参加し、経営に関わることとなります。

３歳と生後半年のわが子２人を22時まで保育園に預けながら、「京都で一番親切な予備校にする！」と志し、全力で取り組みました。

ところが、せっかく波に乗り出したところで、親会社が倒産。私の会社も、設立２年目にして連鎖倒産をしてしまったのです……。

ＦＡＸ１枚で何もかも水の泡になるのは、人生初体験。「すべてを賭けていたのに」と、ぶつけようのない悔しさを味わいました。

こうしていきなり職を失い、生活はまたもや貧困に陥りました。

まだ小さい子を預けるお金もないので自由に働けず、所持していたブランド品を売りに出して生活をつなぎましたが、美容室に１年間も行けないようなレベルでした。

３　営業人生ドン底３回目

１か月で25契約を取れるまでに成長

そんなある日、親が加入している生命保険会社にクレームを申し出たことがきっかけとなり、なぜか、その生命保険会社に就職してしまったのです。ミイラ取りがミイラになってしまいました（笑）。

ただ学習教材と違って、生命保険という形のない商品の営業ですから、最初はまったくコツがつかめず、半年間契約ゼロ。相変わらず生活の困窮が続きました。

人脈も尽き、「紹介してください」とも言えず、「周りからデキない奴と見られている」というストレスで押しつぶされる日々。とにかく自信を失う一方でした。

子どもに接する時間もなかなか取れず、体重も激減しました。

そこから一念発起し、交流会での人脈づくりを始めると、ようやく風向きが変わります。保険提案のきっかけづくりのコツがわかり、さらに教材営業時代の成功パターンを当てはめていった結果、紹介に頼らなくても1か月で25契約を取れるまでに成長しました。

4　ドン底から抜け出した先に見えたもの

ライフワークはスタープレイヤーの輩出

直近では、某生命保険の「金融機関代理店チャネル」にてホールセラー、つまり、金融機関の募集人に販売手法を教えて実績をつくる間接営業に従事しました。

収入も安定し、「私のライフワークはスタープレイヤーの輩出だ」と気づきます。

そして、50歳を過ぎた頃から、「自分のビジネス人生をどう閉じ、その先どうしていくのだろう」と、ふと考えるようになりました。

過去を振り返ってみると、今の自分があるのは、常に成長の課題を突きつけてくれた営業現場と、営業職という孤独なフィールドのおかげです。

「その逆境から培ったものを、私の集大成として営業現場にお返しし、若い世代に役立ててもらう番が来たのかもしれない……」

そう感じていたタイミングで、なんと、かつての後輩で「即決営業」の創始者となった堀口と偶然の再会。即決営業は営業マンや企業に営業術を教える会社だと聞いてオファーを快諾し、トントン拍子でメンバーに加わることになりました。

現在は即決営業のプロトレーナーとなり、あわせて個人・法人営業も担当しています。


日々、多くの受講生さんと接して感じるのは、営業マンも企業も、売上が安定すれば大半のお悩みが解決し、収入も増え、本人はもちろん家族や社員まで幸せになれるということです。側で見ていても、顔が明るく変わるのがわかるほど。

それに、ものやサービスがどんどん売れれば、日本経済もまわります。お客様の早期問題解決にもつながるでしょう。

このような「幸せの循環」への貢献が、私のビジネス人生に与えられた使命だと、今は確信しています。

売れる営業マンになって毎日が輝くなら、シンプルに売れるようになればいい。

営業マンが育って会社が発展するなら、シンプルに育成に励めばいい。

そのために私の人生経験が、お役に立てば光栄です。いえ、お役に立たせてください！

正しい営業ノウハウで成功できる

だからこそ、私は即決営業研修を通じて、成績不振の営業マンに再現性の高い売り方を伝え、業績不振の企業オーナー様のために最強の営業部隊をつくりあげているのです。

ありがたいことに、このライフワークと、お客様の「契約が取れたよ」「売上が上がったよ」というお声で、日々の疲れも吹っ飛んでしまいます。

このように、何度でもドン底から這い上がってきた私がいるのですから、正しいノウハウさえ身につけば、どなたでも営業で成功できるはずです。

今日からあなたも、自信を持って前進していきましょう！

第2章

甘い言葉でスカウトされたが……9割が脱落する現実

稼げないと言われる保険営業

第1章でお話しした通り、私は保険営業の世界に足を踏み入れる前に、すでに営業経験がありました。

大学入試教材の訪問販売以外にも、予備校立ち上げからの生徒獲得のための営業、家庭教師派遣の営業、寝具類の飛び込み営業など、多様な経験を重ねて、スキルと自信を身につけてきたのです。

その後、ご縁があって生命保険業界に入ったのですが、正直、独特のスタイルに驚きました。保険商品の販売と同じくらい営業職員の勧誘が盛んで、2年以内に9割の方が成績不振で去っていくのですから。それを補填するかのように、次々と新人が入ってては辞めていきます。

これでは世間から「保険営業は稼げない」と言われても仕方ありません。

そこで、営業術の解説の前に、生命保険業界の裏側を明かしていきたいと思います。実情を知った上で、効果的に稼ぐ方法を身につけていただくためです。

では、私のリアルな体験や、多くの保険営業マンから直接聞いた話をご紹介しますね。

1　「あなたが必要」「うちに来たら稼げるよ」と誘われて保険営業の世界に入る

いつでも辞められるから大丈夫!?

保険営業の世界に入るとき、ハローワークの前などで、「あなたが必要です」「うちに来たら稼げるよ」と、声をかけられた方も多いのではないでしょうか。

「営業経験がないので」と断ろうとしても、「大丈夫、最初に研修があるから」と、もっともらしい説得が待っています。何と言っても、勧誘をするのは説得のプロですから。

特に求職中の方なら、研修期間は無条件でお金をもらえるとわかると、勢いで誘いを受けてしまうことも珍しくありません。「辞めようと思えば、いつでも辞められるから大丈夫」と、自分に言い聞かせながら。

未経験から営業を学ぶのは、辛いこともたくさんあります。でも初めは、同僚から大歓迎されますし、同期の存在が支えとなったり、弱音を吐いたら先輩方や上司が励ましてくれたりして、どうにか持ちこたえるものです。研修を乗り切れば大感激するでしょう。

しかし、いつまでも「誘われて入った」という甘い認識では、稼ぎ続けることはできません。常に能動的に動いて努力しなければ、営業の世界で成果は上がらないのです。

安定した営業力を身につける

個々のお客様と真摯に向き合い、信頼関係を築き、納得できる生命保険商品を提供すること。この繰り返しが、多くの顧客獲得には欠かせません。

このように口で言うのは簡単でも、自分でやろうとするとなかなか続かないのが現実です。

結果、大半の新人営業マンが満足な収入を保てず、徐々に仲間が減っていきます。

一方では、自分と同じように採用された新人が次々と入ってくるので、営業所によっては半年で半分以上のメンバーが入れ替わってしまうのです……。

某保険会社の給湯室には「彼女を見たら勧誘」というステッカーまで貼ってありました。採用さえすれば、数か月間は、本人や身内の新規契約がついてくる可能性が高いですから。

あなたはそんな使い捨ての人材にならないよう、会社から重宝される存在にならなければなりません。そのために、私と一緒に安定した営業力を身につけていきましょう！

2 「時間が自由」「人脈がなくても大丈夫」「サポートしますから」は何だったの？

新人が最初につまずくこと

これは、私の知人の体験談です。

彼女が生命保険会社に就職した際、のちに上司になる人から「結果さえ残せれば、勤務時間は自由ですよ」「人脈がなくても始められます」「私たちがしっかりサポートしますから、一緒に働きませんか？」などと誘われたそうです。

彼女は当時、子育てで忙しいけれども、家計にゆとりがほしかったのと、外に仕事に出てみたいと思っていましたので、思い切って未経験の営業職に転向しました。

初めのうちは、その上司の丁寧な指導のおかげで「営業職に挑戦してよかった」と感じ、自信もつきかけていました。

しかし、実際に営業現場に出る頃には別の新人が入社し、上司のフォローは期待したほどではなくなっていました。

仕事について疑問や不安があっても、上司も先輩も忙しくて相談に乗ってもらえず、結果的にほとんど自分で解決しなければならなかったのです。

与えられたノルマを達成するには、まだ継続的なアドバイスや指導が欠かせないのに、上司の熱意は明らかに失せていました。

ノルマが達成できなければ、結局は休日返上で営業活動をしなければならず、「時間が自由」と言われていたのもどこへやら……。

そもそも、新人が最初につまずくのは、見込客に営業をかけるための「商談アポ（アポイントメント＝約束）」を取りつけることです。

つまり、保険に興味のない見込客の心をつかんで、話をきちんと聞いていただく状況まで持ち込むアプローチが一番大変なのです。

しかし、上司も先輩も自分の営業成績を上げるのにいっぱいいっぱい。「アポが入ったら同行してあげるから」と言われても、新人としては困ってしまいます。

結果、身内や友人の勧誘へと追い込まれていくのが、典型的な使い捨てパターンです。

そのせいで「親戚の集まりに呼ばれなくなった」「友人に避けられるようになった」、なんてことになるのは、絶対に避けなければなりません。

アポ設定の壁を自力で越える難しさ

ですから私の営業研修では、アポ設定の段階からのサポートを徹底しています。そうすれば、営業マンの挫折を防げる上に、ひとり立ちが格段に早まるからです。

残念ながら、新人が「自力でアポを取って商談に行く」という役割を課されると、いきなり高度な問題解決能力を求められます。

営業テクニックを学びながら、人脈づくりや見込客の情報収集も行い、心を開かせるコミュニケーションを研究し、短時間で信頼関係を築かなければなりませんから。

私も営業職員として働き始めたばかりの頃は、その壁を越えるのが本当に大変でした。

忙しい上司に依存するのを早い段階で諦め、先輩方のテレアポを聞いては技術を盗み、自己啓発やスキルアップに自ら取り組むことで、なんとか成果を上げることができたのです。

おかげで長い間、幼い子どもたちと一緒に貧乏生活に苦しみましたが……。

当時は正直、「もし上司のサポートが十分なら、こんなに痛い目に遭わずに成長できたかもしれない」という悔しさもありました。新人のうちにノウハウを教われなければ、だんだん聞く相手さえいなくなってくるのです。

このもどかしさ、共感していただける方も多いのではないでしょうか。

3　保険営業スカウトのカラクリ

新人営業マンが求められる理由

なぜ生命保険会社は、十分なフォローもできないのに、甘～い言葉で営業職員を勧誘するのでしょうか。

実は、次のようなカラクリがあるとまことしやかに言われています。

まず先ほどお伝えしたように、生命保険会社が新人営業マンをどんどんほしがるのは、人脈がついてくるからです。

たとえ本人の実力があまり伸びなくても、家族や親戚が保険に加入してくれれば、会社としては一定の売上と、顧客獲得が期待できますよね。

もちろん本人のポテンシャルが高くて、伸びてくれれば万々歳で、若年層アプローチや市場開拓という重要な役割を担わせることもできます。

つまり、営業職員が増えたら、生命保険会社としてはいいことずくめで、新たなビジネスチャンスの発掘につながります。だからこそ、生命保険会社は、新人営業マンのスカウトに力を入れているのです。

その証拠に、多くの生命保険会社では、営業職員をスカウトすれば、査定に反映される仕組みが設けられています。

さらに、スカウトされた営業マンが保険を売れば、その成績に応じて、スカウトした営業マンにもインセンティブが支給される制度もあります。

このように生命保険会社は、さまざまな仕組みで、既存の営業職員にも新人営業マンを積極的にスカウトさせて、継続的な売上につなげているのです。

しかし、新人営業マンにとっては、手をかけて育ててもらえず、単なる「顧客獲得マシーン」のように扱われる危険性があります。

使い捨て人材になるのを避けるには

では、どうすれば生命保険営業マンは、家族や知人まで巻き込んだ「使い捨て人材」になるのを避けられるのでしょうか？

正解は、「心理学と脳科学にもとづく「正しい営業」を学んでいくことです。

なぜなら、ものの売り方を学ぶより、人の動かし方を学んだほうが再現性が高く、応用も利くからです。

商品やサービスは時代とともに移り変わりますが、人の心や脳の仕組みは100年経ってもほとんど変わりません。さらに、心理学と脳科学は約8割の人に当てはまるわけですから、正しい営業を一度マスターすれば、どこでも即戦力になれるでしょう。

要は、上司や先輩の「経験則」から学ぶのは、社内ルールと商品の特徴だけにして、見込客へのアプローチやトークは、営業を教えるプロから学べばいいのです。

昔と違って、1DAYセミナーやコンサル、営業テクニックの解説動画など、気軽に学べる手段はたくさんあります。

即決営業のYouTubeには、私も登場していますので、ご活用くださいね。

売れる営業には原理原則があり、その「型」を学んで素直に実践すれば、営業力は必ず急上昇します。先輩も上司も、サラッと追い越していけるでしょう。

もちろん生命保険会社としても、新人営業マンの成長をサポートできる体制を整えることが大切であり、バランスのいい取り組みが求められます。

４　年収１０００万円なんて夢のまた夢……アレを持たないと１年以内に脱落する

生保営業マンに欠かせない密接なコミュニケーション力

生命保険商品は、月々の保険料を長期に渡って払い続ける商品ですから、個人の買い物としては、家や車に次いで高くなる場合もあります。

そんな高額商品を扱うからこそ、生命保険営業マンは年収１０００万円以上も可能なのです。それを夢見て、この世界に足を踏み入れる人も少なくありません。

しかし、いきなりそのような高収入を得られるのは、実力と人脈を併せ持った、ハイスペック営業マンに限られます。

なぜなら、高額商品を売るには、それなりの知識と経験が必要となるだけでなく、お客様が何に悩み、何を叶えたいかを引き出すトーク力が必要だからです。

さらに、１人ひとりのお客様から、高額商品を購入していただくに値する信頼や信用を得なければなりません。

つまり、実力と人脈を自ら育てる営業マンでなければ、高額な保険商品を販売し、十分な年収を得ることは難しいのです。

ましてや、生命保険業界には激しい競争があります。随時40社以上の生命保険会社が、膨大な数の営業所と営業職員を抱え、独自の商品やサービスを展開しているからです。

そのため、生命保険営業マンは、自社商品の魅力を際立たせるトークスキルを磨き、他社との差別化を図らなければなりません。

もし商品知識やプレゼン力が不十分であれば、どんなに商談を繰り返してもお客様から選ばれない「残念な営業マン」になってしまうでしょう。

また、生命保険商品は、一度成約したら終わりではありません。継続的な取引が前提なので、お客様のライフスタイルの変化に合わせた見直しが必要です。

だからこそ、生命保険営業マンには、他の商品を扱う営業マンに比べて、お客様との密接なコミュニケーションが求められます。信頼関係を保ち、長期的な取引を継続していくためです。

もし、加入してくれたお客様を放っておいたら、いつの間にか競合他社に乗り換えられたり、入金が滞って解約に至ったりしてしまうでしょう。

生命保険営業で年収１０００万円以上を達成するには「お客様の人生を保険でサポートする専門家」としてのプロ意識が欠かせません。

保険営業で成功するという夢を抱きながらも、地に足がつかないまま1年足らずで辞めてしまった人を、私はたくさん見てきました。

5　本当に生命保険営業は稼げない世界なのか？

正しい方法で保険営業に取り組めば必ず稼げる

ここまで読み進めてくれたあなたは、「生命保険の営業では稼ぐのは難しい」と感じたかもしれません。現に9割の人が、成績不振で2年以内に辞めていきます。

しかし、本当に保険営業は稼げない世界なのでしょうか。

実は、正しい営業スキルと商品知識を身につけ、アポ設定から契約の段階までしっかりトークをつくりこめば、成約率90％以上、年収１０００万円超えは十分可能です。

もともと飛び抜けた営業センスがある上司や先輩を、なんとなく真似ようとするから、うまくいかないのです。

生命保険は長期に渡って、お客様のライフプランやリスクマネジメントに深く関わる商品ですから、1人ひとりのニーズに合った提案が求められます。

そのため、信頼を得てお客様の心を開かせ、お客様自身も気づいていないような「隠れニーズ」を引き出す力をつけることが成功のカギです。

コミュニケーション力にそれほど自信がない、というあなたも安心してください。心理学と脳科学を学べば、お客様の心をつかむトークスクリプト（台本）を作成できます。それを、きちんと覚えこめばいいのです。

あとは「お客様の人生を左右する商品を扱っている」という自覚を持って、営業活動に取り組みましょう。

生命保険営業マンは、新規契約のノルマに追われながら、既存のお客様にも気を配り、細かい要望にできる限り応えなければなりません。ときには長時間の営業活動も必要になるでしょう。

決してラクな仕事ではありませんが、何より人の役に立てるというやりがいがあります。

人間力も自然に磨かれるはずです。

さらに、生命保険営業の道を志す人は、努力と貢献に見合った高い利益を得ることができます。

多くの生命保険営業マンが、他の営業に鞍替えすることもなく、年収１０００万円以上を稼ぎ続けているのがその証拠です。

私も「即決営業流」のセールスで、実際に成果を上げ続けてきました。保険営業では、成約率１００％で1か月25契約を取ったこともあります。

それだけではなく、営業トレーナーとしてその手法を伝授することで、年間２００人以上の生命保険営業マンを成功に導いてきました。

これは正しい方法で保険営業に取り組めば、必ず稼げるということです。

一方、努力しても成功できない保険営業マンには、わかりやすい特徴があります。

例えば、マシンガントーク。自分がお客様側のときは散々迷惑がっていたはずなのに、いったん逆の立場になると、よかれと思ってやってしまうのです。

このように多くの営業マンは「喋る技術」よりも「喋らせる技術」のほうが大切という基本中の基本さえ知りません。

その結果、喋る技術ばかり磨いたらどうなるでしょうか？

1人でペラペラ雑談や商品自慢をし続け、お客様の心を置き去りにしてウンザリさせる営業マンになってしまいます。

もちろん、営業成績が上がるはずもありません。


つまり、正しい手法で営業に取り組まないと、せっかくの努力も裏目に出てしまうのです。上手に水を向けて、お客様にペラペラ喋ってもらえば、口下手でもどんどん契約が取れるのに……。

だからこそ私は、多くの悩める営業マンに、心理学と脳科学にもとづく正しい営業術を伝えたくて筆を執りました。

ぜひ本書を読み進め、生き生きとした「生命保険営業ライフ」を手に入れてください！

なお、「最後まで読むのが待ちきれない」という方のために、次頁に今日から役立つ即決営業オリジナルテンプレートを載せておきますので、お客様の本音を引き出すためにご活用いただければと思います。

「一刻も早く個別に質問したい」という方は、お悩み相談専門のトレーナーがご連絡しますので、38頁の公式ＬＩＮＥに登録してメッセージを送ってくださいね。

二者択一シート　即決営業®

二者択一フレーズ：「もしお時間をとっていただくとしたら
AかBかどちらがよろしいですか？」

【アポ編】

	選択肢 A	選択肢 B
平日・土日	平日がよろしいですか？	土日がよろしいですか？
時間	午前中がよろしいですか？	午後がよろしいですか？
曜日	月曜日がよろしいですか？	水曜日がよろしいですか？
手段	対面がよろしいですか？	Zoom がよろしいですか？
場所	ご自宅がよろしいですか？	会社がよろしいですか？

ほぐしシート　即決営業®

ほぐしの法則：人は喋れば喋るほど心がほぐれる

テーマ		深掘り質問
悩み		何が原因ですか？
不満・不足・不便		例えば？
趣味		具体的に言うと？
得意なこと	＋	他には？
自慢話		いつから？
昔話		なぜ、やろうと思ったの？
考え方		なぜ、そうなったの？
感情		それって、どんな感じ？

➡

リアクションのさしすせそ

さ　さすがですね
し　知らなかったです
す　すごいですね
せ　説得力あります
　　センスいいですね
そ　そうなんですね
　　そうだったんですね

＋

共感

喜（よろこび）	怨（うらみ）
怒（いかり）	恐（おそれ）
哀（かなしみ）	愛（いとしみ）
楽（たのしみ）	欲（よく）

即決営業公式LINE無料登録方法

今すぐQRコードを読み取ってください！
営業力が上がる3つの特典がもらえます
＼10秒で完了、かんたん3ステップ！／

ステップ1
QRコードを
読み取ります
ステップ2
「許可する」を
タップします
ステップ3
「追加」を
タップします

ID検索の場合は、ID「@sokketsu」と検索して
「即保険」とコメントを送信してください。
（@をお忘れなく）

この特典は、即決営業年間企業研修で実際に使用しているテンプレートや動画などの一部を、サンプル化したものです。特典の提供・運営は株式会社即決営業が行っております。書店・図書館とは一切関係がありません。お問合せ先TEL:06-6630-8630 公式HP:sokketsueigyo.com
また、特典の提供は予告なく終了することがございます。あらかじめ、ご了承ください。

第3章

だからあなたは脱落する！
9割がまんまと陥る5つの失敗パターン

保険営業で失敗する5つのパターン

生命保険の営業を始めた方の9割が、成績不振で2年以内に脱落していきます。つまり同期入社が10人いたら、2年後に残っているのは1人いるかいないかです。

このように競争が激しく厳しい世界ですが、脱落者の傾向を分析すると、代表的な「失敗パターン」があることがわかりました。

生命保険営業で失敗したくなければ、次の5つのパターンは絶対に避けておきましょう。

1 「私のために入って」というお願い営業

お願い営業が引き起こすトラブル

「私のために、どうか保険に入ってください」というスタンスで加入を促す手法を「お願い営業」と言います。

このような営業マンは、お客様の同情につけこんで、契約へのプレッシャーをかけるため、結局は不快感を与えてしまいます。昔は当然のように行われていましたが……。

一般的に、商品やサービスを「あなたのために」と本気で提案されると、人は感謝の気持ちを抱きやすくなります。すると、自然に契約率が上がります。

一方、お願い営業は、「営業マンのために」と契約を迫るため、相手に反発心が生まれやすくなります。

一歩間違えると、お願いという名の「押し売り」と受け取られ、お客様が断り切れずに成約したとしても、キャンセル率がグンと上がるでしょう。

また、情に訴えるトークがメインとなって肝心な保険商品の説明が不足し、お客様が契約内容をよくわかっていないなど、早期解約のもとにもなりかねません。

つまり、お願い営業は、単なる一時しのぎでしかないのです。

残念なことに、このようなお願い営業によって一度でも不快な思いをすると、お客様は保険への加入自体をためらうようになります。これは長期的な視点で見ると、営業マンだけではなく、保険会社にとっても、お客様や社会にとっても損失です。

商品がいいのはわかったけど、この人からは買いたくない

さらに、お願い営業は、お客様が本当に必要な保険を選ぶ機会を奪ってしまいます。

お願い営業によって加入を押しつけられた場合、お客様は自分で判断できなかったことにいつまでも後悔の念が残るでしょう。

営業マンが常に注意すべきは、お客様に「この人、なんだかイヤな感じだな」と思われないようにすることです。なぜなら人は、理屈ではなく感情でものを買うからです。

「感動」という言葉はあっても、「理動」という言葉はありません。これは日本語だけではなく、他の言語でも同じだそうです。

このことからも、人は考えて動くのではなく「感じて動く」生き物だと言えるでしょう。

「商品がいいのはわかったけど、この人からは買いたくない」と潜在的に感じさせたら、お客様は他社に流れます。その代表的な原因が、お願い営業です。

特に生命保険への加入は、人生における重要な決断の1つであり、気軽な買い物ではありません。それを心理的に強制するのは、お客様に不利益を与える行為になります。

ですから、どんなにノルマが厳しくても、お願い営業だけは絶対に避けるようにしましょう。お客様のためにならないのはもちろんのこと、生命保険営業マンとしての誇りが傷つき、成長もそこでストップしてしまいますから。

一度ハマると中毒症状のように抜けられなくなるのが、お願い営業の恐ろしさです。

2　お客様にリスクをイメージさせられない

損失回避の法則とは

営業マンの多くは、保険加入のメリットばかり強調します。なぜなら、商談の雰囲気がよくなるからです。

しかし、それだけでは保険に加入しなかった場合のリスクをイメージさせられないので、効果的なセールスとは言えません。これは「損失回避の法則」と関係があります。

損失回避の法則とは、「人は得をするよりも、損をしないほうを選びたがる」という心理傾向のことです。

なぜなら、人は利得に対する喜びよりも、損失に対する痛みを大きく感じるからです。その結果、得をするために動くより、損をしないために動くことを優先します。

例えば、あなたが買い物をしていて、「５００円割引」のラッキーレシートが出たとしましょう。もちろん、気分はいいですよね。

しかし、その帰り道で、うっかり500円玉を排水溝に落とし、取り出せなくなってしまいました。

この場合、プラスマイナスとしてはゼロですが、人は平常心ではいられません。

なぜなら、500円を値引いてもらえる「お得感」よりも、500円を失った「喪失感」のほうが、2倍のインパクトがあるからです。

それほど、人は損やリスクに過剰反応します。

生じ得るデメリットをイメージさせる

この心理法則にもとづくと、生命保険を売るには、保障などのメリットだけではなく、加入しなければ生じ得るデメリットを、お客様にイメージさせる必要があるのです。

不測の事態が引き起こす現実を、とことんリアルに思い描かせましょう。

多くのお客様は、自分からはそんなリスクを想像しません。生命保険に詳しくない上に、「病気や死に関わることは、なるべく考えたくない」と無意識に避けているからです。

そのため、プロである営業マンが、いずれ起こり得るリスクと、生命保険加入によってそのリスク回避ができるということを、しっかり想像させてあげなければなりません。

なぜならお客様は、将来的に損をしないためなら積極的に動くからです。

例えば、万一のことがあった場合、残された債務や負担をどうするのか、また、家族の生活にどのような影響が出るかを、ありありとイメージさせましょう。営業マンが誘導尋問するのではなく、お客様の口から不安を語ってもらうのがポイントです。

◆NG例「○○様の場合は、やっぱり将来的に△△のリスクがご心配ですよね」

◆OK例「△△が不安とおっしゃるお客様が多いのですが、○○様は将来的に何か気になることなどございますか?」

この印象の差を感じてみてください。

NG例の場合は、お客様は口先だけで「はい」と答えます。

OK例の場合は、△△を引き金に将来を思い描き、本物の不安にたどり着きます。

自ら語った不安が保険で解消できるとわかれば、お客様は加入の必要性を理解し、「損失回避の法則」でスムーズに契約へと至るでしょう

だからこそ生命保険営業マンは、加入のメリットだけではなく、言いにくいデメリットもしっかりお伝えしなければならないのです。

3　嫌われないことを優先させてしまう

最優先事項は売ってお客様の役に立つこと

生命保険営業マンの役割は、お客様に自社商品を提案し、契約を獲得することです。しかし、成績が上がらない営業マンは「嫌われないこと」を最優先にして、お客様のために言うべきことを言えない傾向があります。

嫌われたくない気持ちはわかりますが、本来、営業マンが最も力を入れるべきは、お客様に商品を売ることです。

なぜなら、契約が成立して初めて「見込客」から「お客様」に変わり、本当の意味で役に立てるからです。目先の感情に振り回されて、それを忘れてはいけません。

どんな営業マンも、お客様の役に立つのは商品の価値を通してのみ。御用聞きでもない限り、自分の都合でお客様の周りをうろうろするのは、時間を奪っているにすぎません。

一方、営業マンが生命保険商品を売れば、お客様にも大きなメリットがあります。人生のさまざまなリスクに対して、保障が受けられるからです。

もしものときは、保険金が支払われ、家族や自分の生活を守ることができます。

生命保険営業マンは、まずここに自信を持ってください。

ただ、多くの保険は高額商品ですから、商品のよさを伝えるだけでは、お客様から契約を得ることはできません。最後は営業マンが厳しいことも伝えて、堂々と背中を押すからこそ加入につながるのです。

そもそも、いつ万一の事態が訪れるかわからないのに、怯んでいる場合ではありません。

「○○様、このままの保障では十分ではありませんので、この機会にご決断ください」と、お客様のために勇気を出して言ってみましょう。


営業マンの最優先事項は、売ってお客様の役に立つこと。

そのために、お客様との信頼関係を築き、ニーズを把握し、ぴったりの商品を提案し、最速で契約を獲得することが営業マンの使命です。

あくまでもアプローチ・ヒアリングの段階では友好関係をキープして、プレゼンでは味方として未来を見せ、クロージングに至ったら敵対関係を恐れないようにしてください。

この覚悟を決めたら、成績もぐんぐん上がっていくでしょう。

何を売るかではなく、何のために売るか

もちろん、即決を迫ると一時的にムッとされることはあります。でも「お客様のリスク回避のため」という動機さえブレなければ、生命保険営業マンは嫌われるどころか、売ってから感謝される立場になれるのです。

大切なことは、何を売るかではなく、何のために売るかです。

信頼されるトップセールスを目指して、目の前のお客様に役立つ提案をしっかり行いましょう。そうすれば、あなたも営業という仕事にやりがいを感じられるはずです。

4　紹介に頼ってギブアンドテイクの「ギブ」を怠る

三者間で責任が生じる紹介契約

与えられたノルマを達成するのは、生命保険営業マンの務めです。努力しても結果が出ない場合は、早急に手を打たなければなりません。

こうして追い詰められた営業マンは「誰かお客様を紹介してくれないだろうか」と、安

易に期待しはじめることがあります。

実際に、ノルマの未達が続くと「誰か保険に入ってくれそうな人はいませんか？」と、知り合いに尋ねまわる営業マンも少なくありません。

ただ、そういう人に限ってギブアンドテイクの精神に欠け、紹介という「テイク」ばかりを求める傾向があります。

そもそも、生命保険営業マンは、決して紹介を軽く考えてはいけません。

なぜなら紹介契約は、営業マン・紹介者（見込客を紹介してくれる人）・被紹介者（見込客として紹介される人）の三者間で責任が生じるためです。

例えば、被紹介者が契約を断っただけでも、三者の関係にヒビが入る可能性があります。

また、被紹介者が契約に同意しても、紹介によるプレッシャーや生命保険についての知識不足から、後々、紹介者に不満を持つこともあるでしょう。

さらに、保障が予想と違ったり、契約後のサポートが不十分だったりした場合は、被紹介者が営業マンに不信感を抱き、クーリングオフや早期解約にもなりかねません。

このように紹介契約には、人間関係の大きなリスクがつきものです。

さらに、営業マンが忘れてはいけないのが、紹介者が背負う３つの問題です。

①信頼性の問題

紹介者は、紹介する知人が信用できるかどうかを、慎重に考慮する必要があります。もし、その被紹介者が軽率な言動でトラブルを引き起こした場合、紹介者の信頼性や評判にも悪影響を及ぼす可能性があるからです。

②責任の問題

紹介者は、被紹介者に関して、一定の責任を負います。

例えば、被紹介者が損害を発生させた場合、その責任を問われる可能性があります。また、生命保険営業マンによる個人情報漏えいや不適切な取り扱いのトラブルに巻き込まれるケースもあるでしょう。

③マッチングの問題

紹介者は、被紹介者と生命保険営業マンのニーズや目的が一致するかどうかを考慮する必要があります。

お互いのマッチングが悪く、致命的なズレが生じた場合、紹介者と双方の関係が悪化する可能性があるからです。

もちろん生命保険会社によっては、紹介を軸に営業をしていて、それで実績を上げているところもあります。

しかし、営業マンが紹介ばかりに頼ると、新規開拓力や商品説明力、クロージング力を磨く機会を逃し、いつまで経っても最低限のスキルさえ身につきません。

ここだけの話、そういった「紹介軸」の生命保険営業マンたちが、人脈が尽きかけた頃に慌てて私の営業研修に参加し、ゼロから必要なスキルを学んでいくのです。

このように、営業マン都合の紹介契約には、意外なデメリットがついてきます。通常契約に比べて、アフターフォローのプレッシャーも大きいでしょう。

どうしてもという場合はせめて、ギブアンドテイクの「ギブ」を十分に行い、信頼関係を構築できた相手だけに紹介をお願いするようにしてください。

営業力と人脈の両輪でバランスよく走る

いち早く売れる営業マンになるには、スキルを磨きながら、人脈も拡大していかなければなりません。営業力と人脈の両輪で、バランスよく走るのがポイントです。

そうすれば、毎月、知人友人に頼んでまわらなくても、あなたがノルマに追われて疲れ果てる前に、お客様のほうから紹介を申し出てくれるでしょう。

5　そもそも受け身でなりゆき運任せ

与えられた結果目標ではモチベーションが上がらない

生命保険営業マンとして活躍するには、お客様の信頼を得て、コツコツと良好な関係を築くことが大切です。しかし、成績の上がらない生命保険営業マンは、そもそも受け身で、なりゆき運任せの傾向が目立ちます。

受け身の営業マンはたいてい、月々の締め日が近くなってもノルマを達成できず、しぶしぶ営業活動に追われるパターンを繰り返してしまうものです。

当然、自ら打ち立てた高い目標設定もなく、会社から課されたノルマだけが目標です。「自分も当てはまっているかも」と感じたあなたは、まずこの機会に「能動的に営業活動に取り組もう」と決意してみてください。

人は与えられた「結果目標」では能動的になれません。なぜなら「行動目標」を設定しないと、モチベーションが上がらないからです。

結果目標というのはゴールのことで、毎月の売上ノルマなどもこれに当たります。

それに対して行動目標は、「1日100件テレアポをする」など、ゴールに向かうためにやるべきことです。

営業マンが行動目標を持たなければ、行動量が圧倒的に不足するか、結果に結びつかないムダな行動が多くなります。

当然タイパもコスパも悪くなり、成果が上がらないのはもちろんのこと、締め日が近づくにつれ憂鬱になるでしょう。それをどうにかこうにか乗り切って、やっと新しい月を迎えるのです。

この繰り返しで、営業がどんどん負担になっていきます。

もし転職する自信がなければこの仕事にしがみつき、ますます精神的に追い込まれていくのは言うまでもありません。

それだけではなく、受け身の営業マンは、お客様にいつも振り回されます。商談でクロージングをかけるかどうかも、お客様の顔色をうかがって決めるのです。

これは野球で例えると、バッターが「ピッチャーの実力次第で、打てそうなら打とう」と思うのと同じです。そして毎打席、空振りもせず見逃し三振になります。

でも、プロのバッターは常に点を取るつもりで、打席に立っています。「球が速すぎるので、今回は見送ります」では、プロ失格ですから。

売るという役割から逃げないと決める

生命保険営業マンも、保険のプロです。売るという役割から逃げないと決めて、常に能動的に活動すれば、行動量が変わり、営業成績も上がっていきます。

そのために、自分でできることはいくらでもあるはずです。

例えば、保険商品やサービスについての知識を深めること。

お客様にとって本当に必要なものを提供するためのアプローチ法を研究すること。

営業で成功するための自己啓発に取り組むこと。

できることから、何か1つでも構いません。

自己啓発とは、自らの意思で能力を高め、心の成長を目指すことを言います。

具体的には、読書やセミナー、コンサルティングなどを通じて、強いマインドを確立し、能力を開発し、人格を磨いていくことです。

自己啓発によって視野が広がれば、自信を持って的確なアドバイスや提案を行えるでしょう。その堂々とした態度が、保険加入を迷うお客様の心を動かします。

さらに、生命保険営業マンとして成功するには、与えられたエリアを淡々と回るだけではなく、個々のお客様への積極的な働きかけも欠かせません。お客様が本当に求めているものを提供するために、願望やニーズを掘り下げていかなくてはならないからです。

このように、売れる営業マンは目的を持ってお客様とのコミュニケーションを取り、信頼関係を構築していきます。さらに、お客様が抱える問題が見つかれば、商品に紐づけながら、一緒に解決策を考えていくのです。

親身になって寄り添えば、お客様と1つのチームになれます。売れない営業マンは、味方だと思わせる前に、あれこれ口を出すから敵視されるのです。

大切なのは「受け身の営業は卒業する」と、まず決めること。心が変われば行動が変わり、行動が変われば結果も変わるからです。

個々の行動が習慣へと変わる頃には、人格まで変わると言われています。

ですから、これからは能動的に「結果目標」と「行動目標」を設定して、果敢に挑み続けてみてください。その前向きなエネルギーが、営業成績へと直結していくでしょう。

●コラム1／人が誰かを紹介しようと思うとき

お客様が生命保険営業マンに親しい人を紹介したくなるのは、次のような場合です。

①商品の満足度が高い

提供された商品や保障内容に満足したお客様は、担当の営業マンに好感を持ちます。それが知人への自然な情報共有や、いい口コミにつながります。

②商品の信頼性が高い

提供された商品の信頼性が高く、他のお客様にも同様の効果があると想定される場合、お客様は知人を紹介することがあります。

③商品の価値が高い

提供された商品によって、お客様が実質的な価値を得られた場合、他の人にもその価値を伝えたくなります。例えば、貯蓄やコスト削減につながる商品であれば、知人にもその利益を得てほしいと思うでしょう。

④信頼関係が築かれている

担当営業マンとの間に強い信頼関係が築かれている場合、お客様は自身の人脈やビジネスネットワークに、その営業マンを招き入れることがあります。

信頼に足る人物なら、他のメンバーにも利益をもたらすことを期待できるからです。

⑤報酬やインセンティブがある

生命保険会社によっては、紹介者に報酬を与えるプログラムを実施しています。このような場合、お客様は自身のメリットに魅力を感じ、知人を紹介する強い動機になります。

これが、お客様が生命保険営業マンに親しい人を紹介したくなる主な要素です。

５つのいずれかをクリアしない限り、良質な紹介契約は発生しませんので、それを肝に銘じて日々の営業活動を行っていきましょう。

なお、自ら紹介を頼みたい場合は、「お客様の大事な人の力になるために、自分を紹介してもらう」という流れをつくれば、Ｗｉｎ‐Ｗｉｎの関係に持ち込めます。

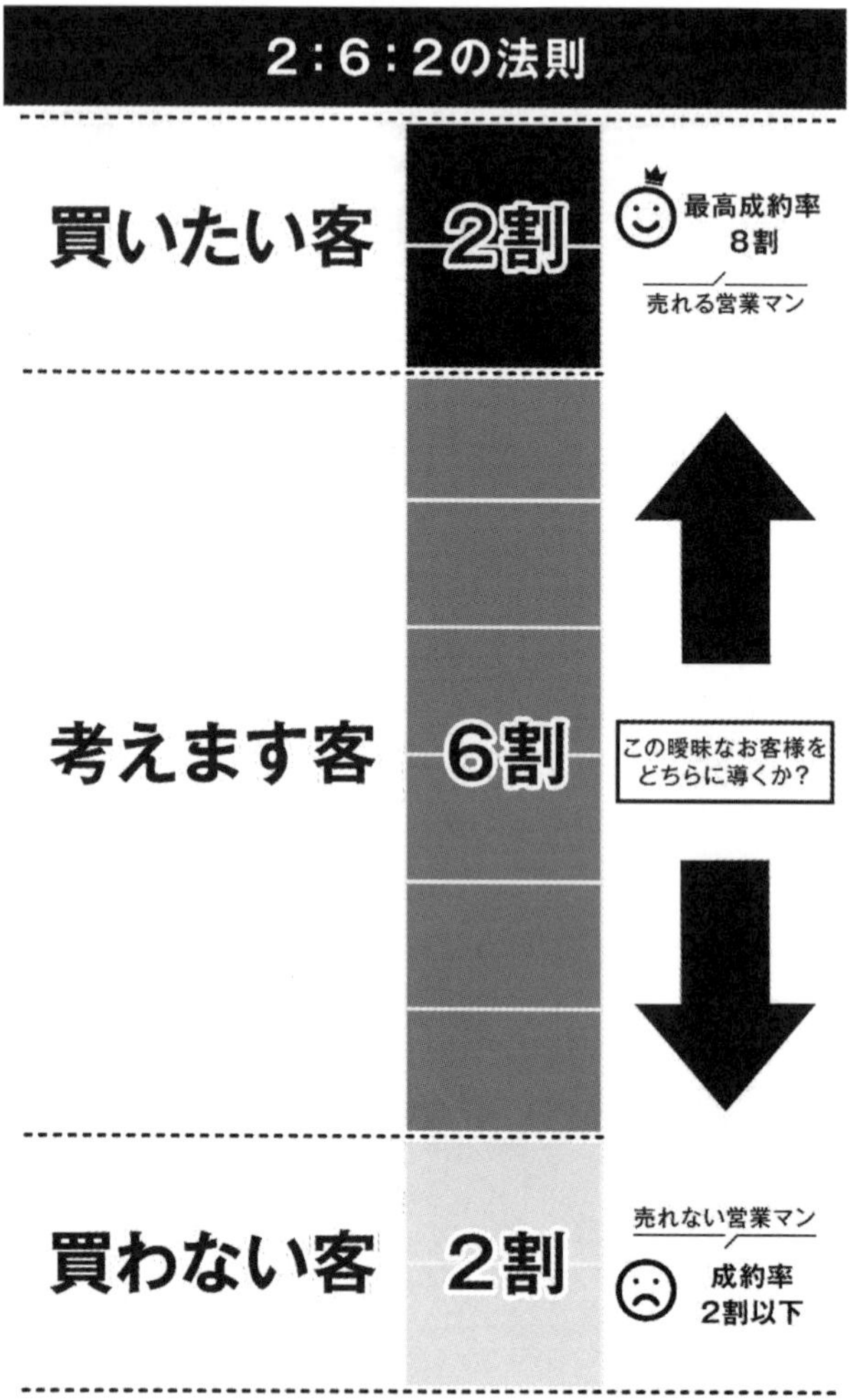
2：6：2の法則
買いたい客
2割
最高成約率
8割
売れる営業マン
考えます客
6割
この曖昧なお客様を
どちらに導くか？
買わない客
2割
売れない営業マン
成約率
2割以下

第4章

営業で成功する人はここが違う！デキる人の5つの習慣

第3章では、生命保険営業で失敗するパターンについてお伝えしました。営業で効率よく成功するには、失敗パターンを避けるのが第一です。

ここからはいよいよ第二段階、成功者に共通する「5つの習慣」を身につけていきましょう。次から1つずつ解説していきます。

1 人脈を自力でつくる

既存の人脈に頼った販路は広がりにくい

生命保険の営業で成功するには、自ら積極的に人脈をつくらなければなりません。

紹介や既存の人脈、場合によっては会社が用意してくれたリストの活用も重要ですが、それだけに頼るのはリスクがあります。

なぜなら、紹介や既存の人脈に依存した販路は広がりにくいからです。

また、会社で用意されたリストにも限界があります。古ければ古いほど、リストの効力はゼロに近づくので、リストを定期的に精査し、入れ替える必要があるのです。

でも、自力で人脈をつくりあげるスキルがあれば、より多くの潜在的なお客様と出会い、ビジネスを無限に広げることができます。

そこで、積極的に人と接する習慣づけが大切です。

例えば、ビジネスイベントやコミュニティー活動に参加し、自己アピールをすることで、新しい人脈を得ることができます。

また、ＳＮＳを活用した情報発信も効果的です。

自身が興味を持つトピックスに関する投稿や、ビジネス情報の定期的な発信で、多くの人とのつながりを自然に生み出していけるからです。

発信テーマやハッシュタグの工夫によって、商品に対する興味も割り出せます。


もちろん、人脈づくりは容易ではありません。努力と時間が必要ですが、得られるリターンは大きいと言えるでしょう。同時に、一生もののコミュニケーションスキルも育っていきます。

私は、瀬戸内寂聴さんの「人とつきあうのに秘訣があるとすれば、それはまずこちらが相手を好きになってしまうことではないでしょうか」という言葉が大好きです。

自ら積極的に人脈をつくりあげることで、より多くのお客様と出会い、成功をつかむことができるでしょう。

実際に効果があった人脈づくりの方法

ちなみに、私は、次のような活動をして人脈を増やしました。特に効果的だった方法を4つご紹介いたします。

①ビジネス交流会に積極的に参加し、名刺を配りまくる

大勢が名刺を配る中で忘れられないように、名刺に季節を感じさせるシール（12月ならサンタのシールなど）を貼る工夫をしました。スマートさよりインパクト重視です。

お会いして3回目までは相手の話を聞くことに専念し、4回目に私の話をするようにしたので、スムーズに保険の話に持ち込むことができました。

②子どもが通っている幼稚園の役員、小学校のＰＴＡ会長を自ら引き受ける

ママ友たちとの信頼関係を構築するために、時間をかけて丁寧に接する努力も惜しみませんでした。いつでも相談できる雰囲気をかもし出せたことで、保険についての相談も増え、成約につながったのです。

③「税理士ルート」を開拓する

まず税理士の先生と知り合いになり、つながりのある法人を紹介していただきました。

信頼度が高まるのはもちろんのこと、そこから大口契約のチャンスが広がり、その法人に属する個人への営業もしやすくなって、一石三鳥の効果がありました。

④ギブアンドテイクの「ギブ」を先に行う

真っ先に紹介などを与える姿勢を見せて、印象づけました。他にも、出入りしているスーパー銭湯で人手が足りないときに無償で働き、ご縁を増やしたこともあります。

これらは、あくまで私の例ですが、参考になると幸いです。

人脈はあって邪魔になることはありません。どんなに営業スキルを磨いても、営業をかける相手がいなければ話にならないのですから。

相撲で言えば、人脈は土俵づくり、営業スキルは土俵上で勝つ実力と言えるでしょう。土俵があるからこそ、多くの取組ができるのです。

私は、こういったマーケット（人脈）ラインを５つ持つようにと教わりましたし、私の研修でもそうお伝えしています。

５つのうち２つは、自分の家族や親せき、知人などのイニシャルマーケットライン、所属する生命保険会社から与えられるマーケットラインで、他の３つは、コミュニティーに参加するなどして自分で用意するのです。

周りを観察すれば、人脈を広げるチャンスはあちこちに転がっています。ぜひ、人脈という営業の土俵づくりに励んでみてくださいね！

2 フォローの積み重ねを怠らない

長期的な信頼関係が大切

生命保険の営業で成功するには、新規開拓に加えて、フォローアップが欠かせません。フォローアップは、契約成立後に始まる重要なプロセスです。

生命保険営業マンは、契約書にサインをいただいたあとも、タイミングよくお客様とのコミュニケーションを続け、補足説明やアドバイスを行い、必要に応じて保険金請求の手続をサポートします。

このようなフォローアップによって、お客様は生命保険商品についてより深く理解し、迅速かつ適切に保障を受けることができます。同時に営業マンとの絆も強まり、「保険を見直す時期がきたら、またこの営業マンに相談したい」と思うでしょう。

さらに、フォローアップは新規顧客の獲得にもつながります。

お客様が保障や営業マンの対応に満足すると、そのお客様からの紹介で、別のお客様が加入する可能性があるからです。

ただし、フォローアップは単なる定期連絡ではありません。無意味に時間を奪うような電話やメールは避けて、相手にとって有益な情報をお知らせするなど、お客様の立場に立った対応が求められます。

また、誕生日や記念日にはカードを送るなど、負担をかけないコミュニケーションを取りながら、近況やニーズを把握しておくことも大切です。

お客様フォローアップの工夫

例えば、私はお客様のフォローアップにおいて、次のような工夫をしました。

①伝えたいことは手書きで伝える

お伝えすることがある際には、手書きのメッセージを残すようにしました。

会社が用意したものではなく、高級感のある便箋やカードを購入して使い、ハガキもよく送りました。

②お客様への「ギブ」を意識する

お客様が商売をされている場合は、より「ギブ」を意識して、お客様の売上になるべく貢献するようにしました。

③変化をすかさずキャッチする

お客様やご家族の変化を、すかさずキャッチするように努めました。

また、そのチャンスを逃さないため、日頃から「困ったことがあったら、いつでも相談してくださいね」とお声がけをしていました。

④都合が悪い手続もすぐ対応する

解約や減額など、こちらに都合が悪い手続についても、お申し出があれば快くサポートしました。解約の書類をお渡しする際、改めて「どうしましたか」と親身にお話をうかがっていたら、お客様が前向きになり、結局は思いとどまっていただいたこともあります。

解約を強引に阻む方針の会社や営業マンも少なくありませんが、私は賛成しません。

お客様からしたら、加入のときは大歓迎だったのに、いざ必要なときに解約に応じてくれないなんて、手の平を返されたようで、消えない不信感を抱いてしまうでしょう。

目先の利益よりも、長い目で見た信頼関係が大切です。

このように生命保険営業で成功し続けるには、顧客フォローアップの習慣が欠かせません。定期的かつ適度なコミュニケーションで、お客様のサポーターとして長いお付き合いを実現させるのが、生命保険営業マンの目指すべき姿です。

3　常に「お客様のために」を優先して話の中心を自分や商品にしない

「お客様のために」を貫くことが成功につながる

生命保険の営業で成功するには、お客様の立場に立ち、プロの目で見て最適なプランを提案しなければなりません。

そのためには自分や商品を中心に話すのではなく、お客様を中心に話を聞く必要があります。深いヒアリングで、お客様のニーズや願望を正しく理解するからこそ、それに見合った保険を堂々とおすすめできるのです。

ですから、間違っても自分が主役の「お願い営業」などありえません。商談というステージで、主役のスポットライトが当たるのは、常にお客様であるべきです。

成功する生命保険営業マンは、常に「お客様のために」を考えて行動します。

決して忖度するという意味ではなく、「この保険に加入すれば、お客様やご家族のためになる」と確信したら、迷う背中をしっかり押していくということです。

そのためなら、クロージングで厳しいことや嫌がられることも伝えて、成約後もフォローアップを続けます。

このような姿勢の生命保険営業マンは、一時的には煙たがられても、最終的にはお客様から感謝され、いい関係を長く保つことができます。

結果、それが営業マン自身の成功につながるのです。

潜在的な「お困り事」に気づかせる

では、具体的にどうすれば、相手の立場に立って「お客様のために」を貫いていけるのでしょうか。ポイントは、潜在的な「お困り事」に気づかせる力です。

例えば、私は日頃から、お客様の身内についても気にかけています。

地震や台風など、自然災害が起きたあとは「○○様も、お身内の方も、大丈夫でしたか？」と、気遣うようにしているのです。

なお、これは前段階でしっかり信頼関係を築いているからできることです。次の例を参照して、いつの間にか「自分のために」になっていないかチェックしてみましょう。

×↓「今月は査定月で困っていまして、貯蓄型保険に興味はございませんか？」
○↓「来月○○様の保険年齢が上がりますので、今なら保険料が抑えられます」
×↓売上アップのために、自分が売りたい商品を言葉巧みに提案。
○↓お客様の潜在ニーズを探り、それに適した商品を提案。
×↓商品中心の一方的なプレゼン。「こちらの商品のメリットは……」
○↓お客様中心の寄り添ったプレゼン。「○○様へのおすすめポイントは……」

お客様の話を中心にすることによって、「お困り事」のヒントが見えてきます。それを突きつめ、商品によって解決するのが営業マンの使命です。

つまり、成功する生命保険営業マンは、ちょっとしたコミュニケーションから、お客様の潜在的な課題を見抜き、商品の必要性を気づかせていくのです。

もちろん押しつけるわけではなく、「災害時に年配のご両親が遠方にいらっしゃると、何かとご心配でしょうね」など、さりげない問題提起を行います。

するとお客様の口から、お困り事の「さわり」が出てきますので、親身に相談に乗りながら深掘りし、保険の必要性につなげていくわけです。あくまでも、お客様のために。

4　営業スキルの向上に余念がない

古い情報を捨て、新しいスキルを即実践する

生命保険の営業で成功するには、日頃からさまざまなテクニックを駆使しなければなりません。そのためには、自ら営業スキルの向上に取り組むことが必要です。学校とは違って、職場にいれば誰かが教えてくれるわけではないからです。

だからこそ売れる営業マンは、自己啓発の書籍を読んだり、営業セミナーに参加したり、先輩や上司からのアドバイスを積極的に受けたりして自己成長を図っています。

また、営業スキルの向上には、日々の実践トレーニングも欠かせません。

そこで避けては通れないのが、ロールプレイング（ロープレ）です。

ロープレとは、実際の商談を想定して行う、本番さながらの練習のこと。営業仲間と3人で、「セールス役・お客様役・フィードバック役」に分かれてできたらベストですが、1人のときはスマホなどで撮影しながら、「壁打ちロープレ+録画チェック」を繰り返しても構いません。

さらに、生命保険営業マンは市場のトレンドや競合情報を把握し、知識やスキルを常に更新することが求められます。ただ知識を増やすのではなく、古い情報を捨て、新しいスキルを「即実践」していくのが成功の秘訣です。

思い起こせば、私は新人の頃、ロープレの練習に明け暮れていました。

自信満々で言うべきところと、苦手なフレーズは特に、毎日しつこく練習しました。つかえずに言えるようになっても、練習し続けていたのを覚えています。

理由は、コンディションが悪いときでも、無意識レベルですらすら話す必要があるからです。体調不良もあれば、威圧的なお客様を前に緊張してしまうこともあるでしょう。

自分の言葉で堂々と伝えるべきセリフを、台本を思い起こしながら話すと、自信のなさや準備不足が透けて見え、お客様を動かせません。結婚式のスピーチでもそうですよね。

同じことを何度も繰り返すロープレはあまり楽しいものではありませんが、トークやジェスチャーを体で覚えこんでしまえば、営業成績に直結します。

お客様の予想外の受け答えへの応用も利くようになるでしょう。

このように成功する生命保険営業マンは、日々営業スキルの向上に余念がありません。地道な努力の積み重ねで、自分の限界を次々と乗り越えていくのです。

5　はっきりとした目標がある

保険営業成功のカギは、数値化された目標設定

生命保険の営業は、高い目標を掲げて行動することが成功のカギです。

与えられたノルマで焦らないよう、それを上回る「自らの目標」にフォーカスして、やりがいを見出していくのです。

成功する生命保険営業マンは、売上目標とともに「見込客リストを3か月で100人増やす」、「毎日50件電話をかけて、前月の2倍のアポを取る」など、数値化された具体的な行動目標を設定します。

行動目標は、モチベーションを高めるために欠かせません。1つひとつの目標をこまめ

に達成することで、満足感や自信を繰り返し得られるからです。

一方、結果目標という最終ゴールしかなければ、先が見えずに気が遠くなるでしょう。

そこで、私の場合は、簡単な目標でもなく、とてつもなく高い目標でもなく、頑張って手を伸ばせば届くレベルの行動目標を立て、それを都度クリアするようにしました。

そう決めて動くうちに、いつの間にか社内でトップセールスになっていたのです。

低すぎる目標は自分を成長させませんし、高すぎる目標は自分を意欲的にさせません。

つまり、「ちょっと背伸びしないと届かない目標」が、成長とモチベーションのバランス的に、ちょうどいいところなのです。

実際に成功している生命保険営業マンは、このように最適解を探して、チャンスをつかみにかかります。自分で納得して決めた目標ですから、必要な努力も惜しみません。

また、自立的で適応力があるのも特徴です。いちいち「人のせい」や「環境のせい」にしないので、状況を冷静に見極め、ピンチも成長につなげることができるのです。

自分との約束を守り抜くコミット力

もう１つ重要な特徴は、コミット力の高さです。

成功する営業マンは、目標達成という「自分との約束」を守るために全力を尽くします。長期的なビジネス展開にも、この姿勢が欠かせません。

人との約束ばかり気にして、自分との約束を守れない人は多いものです。

だからこそ、どちらも守り抜く強固なコミット力は、お客様にも水面下で影響を与え、深い信頼関係を生み出すでしょう。

このように生命保険の営業で成功し続けるには、適度な行動目標を掲げ、自発的にスキルアップしなくてはなりません。適応力や実行力、コミット力を鍛えて、顧客との信頼関係を築くことも大切です。

これらのバランスが取れたとき、営業成績を飛躍的に向上させることができるのです。

なぜ保険営業をしているのかを明確に

ここで1つ、深掘りしておくべきことがあります。それは、「なぜ自分は保険営業をしているのか」という目的です。

目的を明確にするほど、モチベーションは高まります。

突然ですが、「3人のレンガ職人」というイソップ寓話をご存知でしょうか？

ある旅人が道すがら、レンガを運んでは積んでいる3人の職人に出会い、順番に「ここで何をしているのですか？」と問いかけていくストーリーです。

まず、１人目の男は険しい顔で、「見てわからないのか。レンガ積みに決まっているだろ！」と答えます。

次に、２人目の男は無表情で、「壁をつくっているのさ。お金が稼げるからね」と答えます。

そして、3人目の男は笑顔で、「俺たちは、歴史に残る偉大な大聖堂をつくっているんだ。すばらしいだろ！」と答えるのです。

旅人は、いきいきと楽しそうな3人目の男にお礼を述べて、また元気に歩き出したということです。

このように同じレンガ積みでも、目的が違えば、モチベーションが大きく変わります。継続力や完成度にも大きな差がつくでしょう。

あなたも「クビにならないように頑張ろう」といった消極的な理由で保険営業に取り組んでいると、１人目のレンガ職人のようになってしまうので気をつけてくださいね！

売れる生命保険営業マンと売れない生命保険営業マンの違い

その1「お客様との信頼関係」

売れない営業マン	売れる営業マン
「私のために保険に入って」という、お願い営業になりやすい	「お客様のための提案」で信頼関係が築かれ、お願いや押し売りにならない
お客様に嫌われたくないのでクロージングから逃げる	売らないと役に立てないのでクロージングで背中を押す
見込み客のまま、いつまでもずるずるキープしてしまう	いつ保険が必要になるかわからないので、即決契約を迫る

その2「姿勢・態度」

売れない営業マン	売れる営業マン
受け身でなりゆき運任せ	スキル向上に余念がない
自ら立てた目標はなく、与えられたノルマ達成だけが目標	達成目標と行動目標を、自ら立ててコミットしている
与えられたノルマで精一杯で毎月、締め切りに追われている	より高い目標があるので、ノルマは早めに達成している

その3「商品説明」

売れない営業マン	売れる営業マン
保険加入のメリットばかり強調し、お得感で売ろうとする	保険加入しない場合のデメリットもバランスよく伝える
パンフレットを読めばわかるような長い説明しかしない	お客様の感情に訴える簡潔なトークができている
ニーズを引き出せず、こちらから押しつけてしまう	お客様の口から、悩みを語らせることができる

その4「新規開拓」

売れない営業マン	売れる営業マン
「誰かお客様になってくれる人を紹介して!」と安易に人に頼りすぎる	フォローを積み上げて信頼を獲得するので、お客様のほうから見込み客を紹介される
会社のリスト頼みで、精査もおこなわず使い続ける	自分だけのリストも保有し、定期的に精査している

その5「決めゼリフ」

売れない営業マン	売れる営業マン
決めゼリフを用意していない	決めゼリフを用意している
決断を促すプロセスを計画していないので、弱腰になる	決断を促すプロセスを計画して全商談・全訴求する
「ご検討ください」とお客様に主導権を渡す	「ご決断ください」と営業マンが主導権を握る

★まとめ　「売れる人」と「売れない人」との決定的な違い

第3章では「売れない」生命保険営業マン、第4章では「売れる」生命保険営業マンの特徴をお伝えしてきましたが、いかがでしたでしょうか。

両者を比較すると、76～77頁の表のようになります。違いは一目瞭然ですね！

もしあなたが「頑張っても、成果が上がらない」というときは、どこかが「売れない営業マン」に当てはまっているかもしれません。

それを先程の表や、次の「売上方程式」に具体的な数字を入れたものを活用して、客観的に突き止めてみましょう。

①売上＝平均単価×成約数
②成約数＝アポ数×成約率
③アポ数＝アプローチ数×設定率

原因がわかれば、相談や改善ができます。すると、延々とスランプに苦しむこともなく、最速で「売れない沼」を抜け出せるのです。

●コラム２／カチッサー効果と訴求のコツ

「カチッサー効果」という心理現象をご存じでしょうか。「ある働きかけによって、深く考えることなく、ある行動を起こしてしまう現象」のことです。

その現象について、心理学者のエレン・ランガー（Ellen J Langer）の行った興味深い実験があります。コピーをとるために並んでいる列の先頭の人に、次のような声かけをして、承諾率を調査したのです。

A．「すみません、先にコピーをとらせてもらえませんか？」と、要求だけ述べる。
B．「すみません、急いでいるので先にコピーをとらせてもらえませんか？」と、正当な理由を添えて述べる。
C．「すみません、コピーをとらなければいけないので、先にコピーをとらせてもらえませんか？」と、意味のない理由を添えて述べる。

その結果、Aの承諾率は60％でしたが、Bの承諾率は94％、Cの承諾率は93％でした。

つまり、人に何かを頼むときには、単に「○○してもらえますか？」と言うよりも「△△なので、○○してもらえますか？」と理由をつけたほうが承諾されやすいのです。たとえ、説得力に欠ける理由であっても。

ちなみに、カチッサーの語源はテープレコーダーの再生スイッチの「カチッ」という音と、砂嵐の「サー」という音からきています。今やあまり馴染みがないでしょうが……。ともかくカチッと押せば、自動的にサーッと音が流れるから「カチッサー効果」。ある働きかけで、反射的に何らかの行動を起こしてしまう様子を、擬音語で表しているのです。

このように、要求を通すために大切なことは「カチッ」の部分にあたる「理由」です。

そして、もう1つが、営業マンには欠かせない「訴求」です。訴求とは「契約してください」のように、相手にしてほしい行動をストレートに伝えることです。

広告文やサイトでよく見かける、「お急ぎの方はお電話ください」や「こちらをクリック！」なども訴求に当たります。

実は、売れる生命保険営業マンと売れない生命保険営業マンの決定的な違いは、「正しい訴求をしているかどうか」です。

例えば、売れない生命保険営業マンの訴求は、「ご検討ください」「考えてみてください」「こちらの商品はいかがですか？」など、本当にしてほしいことを言っていません。だから毎回「考えます」と、お客様に逃げられてしまうのです。

一方、売れる生命保険営業マンの訴求は「この機会にご決断ください」「ご加入ください」「当社にお任せください」など、本当にしてほしいことをバシッと言い切ります。

これだけでも、お客様はかなり断りづらくなりますが、さらに成約率を上げるのが、先ほどのカチッサー効果です。「理由＋訴求」の形で、クロージングをかけてみましょう。

「○○様、必ずご家族のためになりますので、どうかこの機会にご加入ください」

「加入を後回しにして、悔やむお客様を私はたくさん見てきました。もちろん私も保険のプロですので、○○様のお役に立ちたいと思っております。ですから、ぜひこの機会にお手続きください」

商談の最後にこう言えたら、売れる営業マンは目前です！

もし訴求に持ち込めないなら、原因はたいてい、クロージングの5つのステップを踏んでいないところにあります。順番は次の通りです。

①アプローチ
②ヒアリング
③プレゼン
④クロージング
⑤反論処理

売れる生命保険営業マンは、④を成功させて契約を取るために、すべてのトークを組み立てています。

「逆算思考」を駆使して、④のために③、③のために②、②のために①を、確固たる目的を持って行っていくわけです。

一方、流れに任せて淡々と①～③をこなすだけでは、④までたどり着いたとしても、訴求は成功しません。

大切なのは、契約というゴールから目を離さずに、次の5つを実行していくことです。

①アプローチでお客様の心を開かせる
②ヒアリングでお客様の本音と問題を引き出す
③プレゼンで「お客様のため」の問題解決策を提示する
④クロージングで「理由＋訴求」を言い切る
⑤反論処理でお客様の迷いを断ち切り、背中を押す

これが売れる営業マンの5ステップです！

お客様は、①で営業マンに対して心を開いていれば、②で素直に悩みを打ち明け、③で「自分事」として話を聞くようになります。自分のための提案だと理解するからです。

さらに、④で自信満々に訴求されると、簡単には断りづらくなります。

それでも、即決を迷ってあれこれ「考えたい言い訳」をしてきますので、⑤で営業マンが、その反論を丁寧に処理して背中を押してあげれば、見事成約に至るわけです。

「全商談・全訴求」を誓って5つのステップをしっかり踏むようにすれば、あなたの営業活動に劇的な変化が訪れるでしょう。

目的	やるべきこと／NGなこと
1 アプローチ ➡②を成功させるためにお客様の心の扉を開く	☑ 褒めたり共感したりしながら、質問を投げかける ☑ お客様を気持ちよく喋らせて、興味津々で聞く NG 雑談でただ盛り上がる、自分の話ばかりする
2 ヒアリング ➡③を成功させるためにお客様の問題を探る	☑ 商品に関連する願いや悩みを、質問で引き出す ☑「それなら当社でお力になれます」とニーズにつなげる NG 家庭環境や予算などのアンケートを取る
3 プレゼンテーション ➡④を成功させるために問題解決策を提示する	☑ あくまでも問題解決策として商品説明を行う ☑ 購入後の未来をイメージさせて購買意欲を上げる NG へりくだって商品説明を聞いてもらう
4 クロージング ➡その場で決断させるためにハッキリ訴求する	☑ 自社に有利な料金説明を行い、プランを仮決定する ☑「○○ですので、ご契約ください」と即決を迫る NG「ご検討ください」「いかがですか？」とお伺いする
5 反論処理 ➡断り文句を覆すためにお客様の迷いを断ち切る	☑ 断り文句を受け入れず、堂々と切り返しを行う ☑ 何度でも背中を押して、諦めずに再訴求する NG お客様の「考えます」をすんなり受け入れる
ゴール	①～⑤の連携プレーで、即決契約を成し遂げる

1 セリフを持たない営業マンが7割

2 売れないマニュアルを使う営業マンが8割

3 セリフの数が足りない営業マンが9割

即決営業の本研修では、シーンに合わせたテンプレートをもとにセリフを作成するので**3つの問題**を一気に解決できます！

訴求パターンシート

即決営業®

カギカッコ
「この商品すごくイイ」ってみなさんおっしゃるんです
「入会して本当によかった」ってみなさんおっしゃるんです

一貫性通し
スタートしないと何も始まりません
どこで入会しても結局お金はかかります

過半数
みなさん入会されている人気のコースですので
みなさん本当に喜んでいらっしゃいますので

訴求			
	どうかこの機会に		
	ご決断ください	スタートしてください	ご契約ください

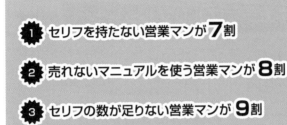

ネガティブトリプルシート

即決営業®

ゆさぶり1	筋破壊トレーニングじゃないと、筋破壊が起こらないので 足は細くなりません
ゆさぶり2	プール併設のジムじゃないと、効率のよい有酸素運動が できないので、内臓脂肪も減りません
ゆさぶり3	管理栄養士がいないと、減量計画がつくれないので 結局最後にリバウンドが来ます
カギカッコ	入会した会員様は「本当にこのジムに決めてよかった」 っておっしゃっています
一貫性通し or 過半数	みなさん入会されている人気のコースですので
訴求	どうかこの機会にご決断ください

スイッチングシート

即決営業®

お客様の主張	1日考えたい

↓

奪う	YES・SO	復唱	1日考えたいんですね		
		承諾	お気持ちよくわかります		
		転換	ただですね	その上で	だからこそ

↓

シャワー	AREA話法	主張	「1日考えたい」という人は、実は「迷ってるだけ」なんです
		理由	1日、2日経ったところで今と状況が変わるはずなどありません
		主張	なので「1日考えたい」という人は結局「迷ってるだけ」なんです

↓

渡す	訴求	カギカッコ	「入会してよかった」ってみなさんおっしゃっています
		一貫性通し/過半数	物事を始めるときに必要なのは「考えること」ではなく「決断」です
		訴求	どうかこの機会にご決断ください

第5章　即決営業流「マル秘」営業術

さて、お待たせいたしました。ここからは保険契約をお客様に即決させる、即決営業流「マル秘」営業術について説明いたします！

1　そもそもなぜ「即決」なのか

お客様の決断を長引かせてはいけない

私は常々「保険は即決で決めさせてあげるべきもの」と考えて営業をしております。なぜなら、お客様の決断を長引かせることに意味はないからです。

お客様から「考えます」「検討します」と、答えを保留にされたまま、契約に至らないことは少なくありません。

実は、ファーストチェス理論によると、チェスにおいて「5秒で考えた手」と「30分かけて考えた手」は、最終的に86％が同じ手になるので、できる限り5秒以内に打ったほうがいいと言われます。

お客様も同じで、だらだら考えても正解は変わりません。

だからこそ、営業マンは「考えます」「検討します」をその場で攻略し、お客様を最速で正解に導くために、即決営業流の「マル秘」営業術を身につけていくべきなのです。

また、このような事実もあります。即決営業流の生命保険営業マンは、保留をよしとする生命保険営業マンに比べると「2倍以上のお客様にアプローチできる」のです。

例えば、ここに即決型の生命保険営業マンAさんと、保留型の生命保険営業マンBさんがいたとします。

どちらも、平均1日1件の商談をこなし、かかる時間は2〜3時間だとしましょう。扱う商品も値段も同じです。

ただ、Aさんは、商談の最後にお客様が言う「考えます」を受け入れず、その場で加入するかしないかの即決を迫ります。結果、必ず「成約する」「成約しない」がはっきりします。

一方、Bさんは、お客様の「考えます」を受け入れます。すると、もう一度お客様を訪問する必要が生じてしまうのです。いえ、二度かもしれませんし、三度かもしれません。

そのため、Bさんのスケジュールは「新規」のお客様だけではなく、半数以上の商談が「保留」のお客様で埋まることになります。なぜなら、保険のような高額商品の商談においては、ほとんどのお客様が一度は「考えます」というからです。

つまり、Aさんが1週間で6人と商談をしたら、全員その場で成約か不成約かがわかります。そして翌週は、すべてが新規のお客様になります。

でも、Bさんが同じペースで商談をしても、理論上は新規のお客様は3人以下で、残りは以前「考えます」を許した再訪のお客様になるのです。

もちろんBさんは、新規のお客様の保留も受け入れるので、再訪すべきお客様が蓄積されていきます。結果、労力の割に新規開拓が進まず、契約も増えません。

がん保険に入っていた母と、入っていなかった兄

少し話が理屈っぽくなりましたので、ここからは私の実体験をお話ししていきましょう。実は私、母と兄をガンで亡くしています。

母のほうは、私がちょうど保険営業を始めたばかりの頃に「成績のためでもあるから、お母さんもがん保険に入ってね」と、半ば冗談、半ば本気で万一に備えて加入させました。すると、なんと加入後しばらくして母が本当にガンの診断を受けたのです。すぐに給付金が下りたおかげで、お金の心配をせず治療に専念することができました。

いったん寛解し、2年以上経ってから再発しましたが、そのときも再び給付金が下りたのです。母も私も、経済的にも精神的にも支えられ、加入させておいて本当によかったと思っています。

一方、保険嫌いの兄は、がん保険に入りませんでした。私は当時「身内には頭を下げたくない」という変なプライドがあり、強くすすめることができなかったのです。

しかし、その兄も残念ながら肝臓ガンになり、53歳の若さで他界しました。判明時すでにステージⅣ。

もし、がん保険に入っていれば、先進医療特約で治療費に困ることはなかったでしょう。

でも現実には、高額な治療費を自分では捻出できず、ただ、死を待つだけとなってしまいました。

兄は自営業で、ガンにかかったのは、大学生の子どもに学費がかかる時期でした。そして、私がお見舞いに足を運ぶ度に、「自分が情けない」と嘆いていました。

それを聞くと私も「生命保険営業をしているのに、兄も兄の家族も助けられなかった」と後悔がこみあげ、いつも陰で泣いていました。思い出すと今でも涙が出ます。

ご存知の通り、生命保険は健康状態が悪化すると入れません。がん保険は、ガンになる前に入っておかなければならないのです。

しかし、未来に備える生命保険には緊急性がないため、多くの人は決断を後回しにします。兄の他にもガンにかかった親戚がいますが、やはり「がん保険に入っておけばよかった」と後悔していました。

私は、何もできずに兄を亡くしてしまった経験から、同じような後悔をする人を1人でも減らしたいと思い、より真剣に生命保険営業に力を入れるようになりました。

「お客様よし・営業マンよし・社会よし」を実現

生命保険営業マンの仕事は、お客様を「安心という幸せの領域」に行かせてあげることではないでしょうか。

そのためには、即決契約を迫ってでも、いち早く将来の安心を確保してあげるべきです。即決してしまえば、お客様も保険について悩むストレスがなくなります。

実際、契約を悩んでいる間に、病気が発覚して加入できなくなったり、加入条件が悪くなったりすることも少なくないのです。

「即決営業流」は、契約をいたずらに急がせるわけではありません。

生命保険に限らず、営業マンは「お客様よし・営業マンよし・社会よし」を実現するために契約を成り立たせるのが仕事です。

迷っていても現状は変わりませんので、より早く効果や安心を得るために「即決めて、即行動に移す」のが、お客様にとってもベスト！

これがトップセールスのマインドです。

ここまでで「即決契約」の必要性をご理解いただけたでしょうか。

次項からはいよいよ、私が実際に即決営業研修で教えている「マル秘」営業術をご紹介していきます。

2　声かけの王道「引っかかりトーク」とは

ツボを押さえた質問がポイント

営業マンはお客様に対して、自社商品の魅力をアピールすることが大切です。しかし、その前にまず関心を引かなければなりません。

そこで、お客様に耳を傾けさせる「引っかかりトーク」が重要になってきます。

引っかかりトークとは「示唆質問」の一種で、相手が興味を持ちそうな話題や問題点に触れ、質問を振ることで関心を引くテクニックです。

例えば、相手が特定の商品に興味を持っている様子なら、そのメリットを紹介する前に、まず「なぜ○○の商品が気になるのですか？」と、理由を聞いてみましょう。

そこから相手が抱えている問題点や課題を聞き出し、その解決策として最適な提案をすることができます。これが耳を傾けさせる営業です。

引っかかりトークを使えば、お客様が自分の話をしやすくなり、問題解決に必要な商品やサービスを自覚するため、非常に有効な営業手法と言えるでしょう。


人は質問に敏感に反応し、無意識に答えを探そうとします。なぜなら、脳は空白を嫌い、欠けている部分を埋めようとする性質があるからです。

そこで、どんな質問を投げかければ、お客様がより前のめりになってくれるのか、作戦を練らなくてはなりません。引っかかりトークには、ツボを押さえた質問が肝心です。

ただし注意点は、過度のプレッシャーをかけたり、質問攻めで警戒心を持たせたりしないようにすること。

最初は答えやすい質問を選び、回答によく耳を傾け、共感のリアクションを返してください。お客様のことが何もわからない場合は、クイズ形式も有効です。

引っかかりトークの詳細については、次項でお伝えしますが、まずは、基本的な示唆質問のテクニックを押さえておきましょう。

上手な示唆質問のポイント

①オープンクエスチョンとクローズドクエスチョンを使い分ける。
②オープンクエスチョンとは、制限なく自由に答えられる質問。お客様の本心を聞き出したいときに有効。「どのようなお悩みがありますか？」
③クローズドクエスチョンとは、イエスかノーで答えられる質問。または、選択肢の中から選ぶだけの質問。お客様に警戒心を持たせず、テンポよく話を進めたいときに有効。「〇〇のようなお悩みはありませんか？」
④お客様が返答に困っている場合は、質問の仕方を見直す。クローズドクエスチョンで質問すべきところを、オープンクエスチョンで質問している可能性が高いので要注意。
⑤アポを取るときは「いつがご都合よろしいですか？」というオープンクエスチョンではなく「平日と土日だったらどちらがよろしいでしょうか？」といったクローズドクエスチョンを、日時が確定するまで繰り返す。

3　引っかかりトークは「機会損失」を強調せよ

加入しなかった場合のデメリットを強調する

生命保険の加入は、自分自身や家族の将来的なリスクをカバーするために重要な選択です。しかし、多くの人は、生命保険の加入を躊躇します。

なぜなら、生命保険は目に見えない商品で、現時点でのメリットをなかなか感じられないためです。

そこで、引っかかりトークを使えば、スムーズに加入を促せます。

人の意思決定には「機会損失をしたくない」という感情的な要素が強く働くため、そこを引っかかりトークで突けば、お客様の心を決断に向けて動かすことができるのです。

例えば、「期間限定スイーツ登場！」「ポイントの使用期限は本日まで」などと言われると「今食べておこう」「今日使ってしまおう」と思いますよね。それと同じです。

具体的には、保険に加入することによって得られるメリットよりも、加入しなかった場合に起こりうるデメリットを強調して、お客様を決断に導きます。

第3章でお伝えした「損失回避の法則」を使うのです。

保険に加入しなければ、リスク回避の機会損失が起きます。言い換えれば、何もしないよりも保険に加入したほうが、将来的なリスクを回避できるということです。

誰にでも突然の病気や事故によって、生活が激変するリスクがあります。

自分が働けなくなったり、亡くなったりした場合、家族も突然の危機に直面します。精神的なダメージに加えて、経済的にも困窮する可能性が高いのです。

治療費や相続税が一体いくらなのか、入院がいつまで続くのかなど、不安要素は尽きないでしょう。

このような重大なリスクを、お客様にリアルにイメージさせれば、保険加入の必要性が伝わります。

その引き金となるのが、引っかかりトークです。

具体的には、次のような質問を投げかけてみてください。

引っかかりトーク例

①家族にガンにかかった方がいて「自分も心配だ」とおっしゃる方が多いのですが、〇〇様はそのようなお悩みはございませんか？
②脳梗塞のほうがご心配なのですね。お話しいただき、ありがとうございます。ちなみに、その点が気になるきっかけって何かございましたか？
③なるほど、昔から気になられているのですか？
④では、いつ頃から気になり始めたのでしょうか？
⑤もしかして身近な方に、何かご心配なことがあったのですか？
⑥他には、例えば万一のときに、ご心配なことなどございますか？
⑦治療費などの経済面ですね、わかります。みなさんそうおっしゃいます。
⑧ちなみに〇〇様は、そうならないための保険って、何か加入されていますか？
⑨それはすばらしいですね。将来的には、その保障で十分だと思われますか？
⑩もし、その保障がもっと充実していたら、ご気分はいかがでしょうか？

具体的なセリフを何パターンも用意する

右の例を、あなたが扱っている保険商品に合わせて、カスタマイズしてみましょう。売れる営業マンは、具体的なセリフを何パターンも用意しておくものです。

引っかかりトークに悩んだときは、次の３つがヒントになります。

☑ 生命保険に加入しないと、将来的にどんなリスクがあるのか
☑ 生命保険に加入しないと、いざというときどんな影響が出るのか
☑ 生命保険に加入しないと、いざというとき誰がどう困るのか

これをベースに質問を展開し、お客様に「機会損失」をイメージさせてください。

将来のリスクや不安が明確になったところで、「ちょうどよかったです。それなら、私がお力になれますので、一緒に考えていきましょう！」と味方になれば、スムーズに契約へと導いていけます。

引っかかりトークを活用すれば、お客様の心が契約に傾くだけではなく、どんな保険商品を提案すれば刺さるのかもわかります。まさに一石二鳥トークなのです！

4　お客様に質問する際のNGパターンとその回避方法

売れない営業マンの３つの失敗トーク

自分なりの引っかかりトークが上手につくれたとしても、つい余計なことを言って、お客様の機嫌を損ねてしまう場合があります。

私が研修講師をしている際も、受講生同士のロープレでよく見かけるのが、そのＮＧパターンです。もちろん都度、注意をしております。

ここでは、お客様に質問する際の３つの注意点と、その回避方法について学んでいきましょう。

①イエス取りに頼らない
②質問攻めにしない
③誘導尋問をしない

もしかしたら、あなたも当てはまっているかもしれません。

次に１つずつ解説していきます。

①イエス取りに頼らない

一時期、流行ったイエス取りトークとは、お客様が「はい」と答える質問をどんどん投げかけ、最終的に契約にも「はい」と言わせようという勢い任せのテクニックです。

例えば、「大阪市にお住まいですよね」「はい」、「小学生のお子さんが２人いらっしゃいますよね」「はい」、「これから学費も大変ですよね」「はい」、「それなら保険があったほうが安心ですよね」「……はい」という感じです。

ただ、この手で契約まで至るのは難しく、運よく成約してもキャンセル率が高まります。

お客様としては、なんとなく言いくるめられた感じで、不信感がつのるからです。

それに、営業マンのクローズドクエスチョンの連発に、お客様はストレスを感じます。

質のいい契約を取るには、お客様にたくさん話してもらわなければなりません。

そのためには、オープンクエスチョンを活用する必要があります。

人は話を聞いてほしい生きものなので、自分のことを自由に話すほど、心が開いていくのです。

②質問攻めにしない

沈黙が苦手な営業マンは、ついついお客様を質問攻めにしがちです。でも、あまり立て続けに質問を受けると、お客様はプレッシャーを感じて、心を閉ざしてしまいます。

そこで大切なのが、リアクションです。

営業マンがお客様の回答をしっかり聞いてリアクションを返せば、質問攻めにならずに、会話のキャッチボールが生まれます。

◆ＮＧ例

「プロ野球はお好きですか?」「はい」、「どの球団のファンですか?」「タイガースですね」、「好きになったきっかけは?」「父の影響で」、「推しの選手は?」「……」

◆ＯＫ例

「プロ野球はお好きですか?」「はい」、「えっ、そうなんですね。私も大好きなので嬉しいです！　お好きな球団はありますか?」、「タイガースですね」「えーっ、タイガース、同じです。ありがとうございます！」、「じつは昔からA選手のファンでね……」

このように、お客様から回答をいただいたら、「ありがとうございます」「わかります」「えーっ、○○なんですね」など、共感のリアクションや、言葉のオウム返しを必ず挟み、会話のキャッチボールを心がけてください。

すると、お客様が質問に答えやすくなり、会話がどんどん膨らみます。

③誘導尋問をしない

これが最も重要です。

お客様との会話が弾むと、つい調子に乗って地雷を踏んでしまう営業マンが少なくありません。

地雷とは、「お客様の感情や感覚を決めつけ、それを営業マンの口から喋ってしまうこと」。これ、絶対にNGです。

感情や感覚はその人だけのもの。

本人の口から話すべきところを、営業マンが代わりに話すと、お客様から本能的に「イヤな人」認定されて拒絶されてしまいます。

◆NG例

「月々の保険料が1万円も安くなったら、家計も助かって嬉しいですよね」

「○○様のお宅は大丈夫とは思いますが、もしご主人に万一のことがあった場合、何も保険に入っていなかったら、残されたお子さんたちがかわいそうじゃないですか?」

こんな言い方をされると、営業マンの言葉は正論なので、お客様はしぶしぶ「はい」と答えるしかありません。これが誘導尋問です。

もし逆の立場だったらどう感じるか、あなたも想像してみてください。

ちなみに、ここで私が「逆の立場だったら、イヤに決まっていますよね？」などと書いたら、立派な誘導尋問になるのであえて控えております。

私が研修講師をしているとき、受講者同士のロープレで、こんな場面がありました。

「お客様が支払保険料を捻出できるよう、営業マンが生活費の見直しをアドバイスする」という設定です。

ロープレを見て回っていると、ある営業マン役がこう言いました。

「これって、かなりの浪費じゃないですか？」

お客様役は、演技でも思わずムッとして「余計なお世話ですよ」と、言い返していました。これが実際の商談だったらと思うと、血の気が引きます。

浪費に当たるかどうかは、絶対にお客様の口から言わせなければなりません。

正解は、ただ一言、「この支出についてどう思われますか？」と聞けばいいだけなのです。

決めつけの誘導尋問でお客様を不快にさせると「保険の必要性はわかったけど、この営業マンからは加入したくない」と思われてしまいます。きっちり封印していきましょう。

5 「引っかかりトーク」で反応しない人は追わない

人生観を変えさせてまで契約に導くのは困難

引っかかりトークとは、相手の興味を引くアプローチの1つです。

何パターンか試してみて無反応の人がいたら、顧客どころか、見込客にもならない可能性が高いでしょう。

そんな人ばかりを相手にして、時間を奪われてはいけません。

さらに何度か接触しても反応がない場合、まったく興味がないか、つい最近、他社と契約していて気が変わらない可能性があります。

親しい人の中に生命保険営業マンがいるということも考えられるでしょう。

このようなケースで、しつこくアプローチを続けると、余計な反感を買うおそれがあります。

総じて、見込客としてのポテンシャルが低い人に、時間やエネルギーを費やすのは効率的ではありません。

では具体的に、見込客のポテンシャルが低いのはどんな人でしょうか。

例えば、「万一のことなど考えない」「好きなことにしかお金を使いたくない」「心に決めた保険会社と契約している」「何かあってもお金に困らない自信や環境がある」など、このような方々を契約に導くのは困難です。

なぜなら、人生観を変えさせなければならないからです。


一方、引っかかりトークに反応があった場合は、興味を引くアプローチに成功したということです。

これは相手に、「将来がなんとなく不安だな」「病気や事故に備えておくに越したことはないな」など、ある程度の潜在的ニーズがある証拠でもあります。

あとは信頼関係を築けば、契約に導くことができるでしょう。

つまり、引っかかりトークは、アプローチだけではなく、お客様の見極めにも有効なのです。

効率的な営業活動を行うために、見込客としてのポテンシャルが高い人を優先して、時間とエネルギーを費やすようにしましょう。

6　生命保険に入っていない人よりも入っている人をターゲットにすべし

絶対数が多く、ニーズ喚起されているのが加入者

生命保険は、将来の不測の事態に備えるために加入する、社会的に価値のある商品です。しかし、保険に入っていない人も一定数存在します。

ですから、生命保険会社には、未加入の方々に保険の重要性を訴え、契約を促すことが望まれます。

ただ、一個人の営業マンとして契約が取りやすいのは、むしろ生命保険にすでに加入している方々です。それは一体、どうしてでしょうか？

理由は２つあります。

１つは、加入者のほうが「絶対数が多い」からです。国民の８～９割は生命保険や医療保険に入っていると言われます。

もう1つは、加入者はすでに「ニーズ喚起されている」からです。つまり、営業マンが保険の重要性を一から説く必要がありません。

加入者は「将来の不測の事態に備えるべきだ」という意識があり、生命保険商品についての知識も多少は持っています。

すると、新商品が出た場合も、「今の自分に最適なものを選び直そう」という姿勢になりやすいのです。

それが、追加の保険加入へとつながります。

さらに、昔からの加入者なら、現在の契約に課題や悩みを抱えている可能性も高いものです。

例えば、家族が増えて、保障が現在のライフスタイルに合っていなかったり、収入が減って、支払っている保険料が家計を圧迫していたりというケースですね。

こういう方々にこそ、これまでお伝えしてきた引っかかりトークがバシッと刺さりますので試してみてください。

ニーズの引き出しさえ成功すれば、こちらの提案をもはや前のめりで聞いてくれるでしょう。

一方、生命保険に長く未加入の方々は、「保険なんて必要ない」「自分には関係ない」「そんな余裕はない」などと思い込んでいるものです。

そのため、いくら営業アプローチをかけても、真剣に話を聞いてくれないことがあります。このタイプには、保険の必要性を理解してもらうことが第一歩であり、それを経なければ契約には至りません。

ちなみに車などでも同様で、車を買ったことのない人より、すでに車を持っている人のほうが売りやすいので、意外かもしれませんが覚えておいてくださいね。

私も予備校の勧誘をしていたときに、別の塾に通っているお子さんや、家庭教師をつけているお子さんに狙いを定めていました。

もちろん未加入者へのニーズ喚起も、生命保険営業マンの１つの使命ではあります。でも、それは実力がついて、気持ちに余裕が出てからでも構いません。

まずは営業成績を効率よく、かつ早く上げるために、加入者をメインターゲットに定めてみましょう。

そして、抱えている課題を解決できる商品を提案してあげてください。

そうすれば、未加入者狙いのライバルたちを、さっさと引き離していけますよ！

7　掛け捨て型は「貯蓄性」「保障性」で見直せ

なぜ多くの人は掛け捨て型の保険に加入しているのか

生命保険は、将来の不測の事態に備えるための商品です。

しかし、せっかく加入しても「掛け捨て型」の保険を選んでしまう人が多いのが現状です。掛け捨て型の保険には、保険期間中に万一の事態が起こらなかった場合は、保険料が返ってこないというデメリットがあります。

そこで、お客様のためになるのが、貯蓄性が高い保険への変更提案です。

貯蓄型の保険なら、保険料の一部が貯蓄されますので、万一の場合に備えながらも将来的に必要なお金を貯めることができます。

また、同じ掛け捨てでも、医療保障や介護保障をより充実させれば、病気やケガなどが起きた場合の治療費や入院費、就労不能や介護費用などを広くカバーできます。遺族のためだけの保険ではなくなるのです。

このように、貯蓄性や保障性の高い保険は、日々の生活にも役立つ商品として注目されています。

では、なぜ多くの人は、死亡保障がメインの掛け捨て型の保険に加入しているのでしょうか。

それは、単純に支払う保険料が少なくて済むからです。多くのお客様は安さに目がくらんで、貯蓄性や保障性の高い商品についての知識が浅いまま保険を選んでしまうのです。

昔の保険営業マンから、死亡保障ばかりバカ高い保険を強くすすめられたケースもあるでしょう。

保障性の高い保険に加入していないとどうなるか

もし保障性の高い保険に加入していないと、次のようなデメリットがあります。

- 高額な医療費が生じた場合、多額の自己負担により、家計に致命的な打撃を与える。
- 病気やケガで入院や手術が必要になった場合、それに伴う収入減少で、自分や家族の経済的な安定が脅かされる。

高齢になって医療費がかさみはじめてから、慌てて保険に入ろうとする人も多いですが、若い頃と違ってかなり高額の保険料が必要です。

ましてや、すでに何らかの健康問題がある場合は、保険料は一気にはね上がります。場合によっては、謝絶（保険契約が不承諾となること）にもなりかねません。

残念ながら、身をもって必要性を感じて保険に向き合いはじめても、もう手遅れだということです。

医療技術は日進月歩ですから、今や一家の大黒柱の死亡リスクよりも、病気やケガ、介護による経済状況の悪化リスクのほうが大きくなっていると言えるでしょう。共働きが増えているのでなおさらです。

人生１００年時代であることも考えると、お子さんの学費がかさむ時期と、親御さんの終わりの見えない介護が始まる時期が重なるかもしれません。そうなったら大打撃です。

時間と体力に十分な余裕があれば自宅介護もできますが、そうではないご家庭がほとんどですので、結局は高いお金を払って施設に頼らざるを得なくなります。

例えば、特別養護老人ホームなら月10万円程度で収まるかもしれませんが、要介護３以上の方でないと入れません。

少し認知症が見られるくらいなら、要介護2以下ですので、月に20万円や30万円（青天井ですが……）以上もかかる民間の老人ホームを選ぶことになります。

人生１２０年時代にふさわしい保険を取り扱おう

でも、その費用を保険でまかなえたらどうでしょうか。

見込客にも、このようにリアルな情報をお伝えしながら、「ご両親が健康なうちに、現在の保険のままで介護費用をカバーできるかどうか確認しておきませんか？」と声をかけてあげるべきです。

このようにして追加契約に至れば、お客様はいつかあなたに感謝してくれるでしょう。

いまどき、「もし亡くなった場合は８０００万円」というような、高額な死亡保障ばかりを提案してはいけません。

お客様のライフステージを見通し、これからやってくるかもしれない「人生１２０年時代」にふさわしい保険を取り扱っていきましょう。

これが、長生きするための保険、つまり貯蓄性や保障性の高い商品です。必ずお客様のためになりますから、自信を持って提案していってくださいね。

8　商品説明は「おすすめポイント」3つに絞れ！

契約するかどうかの判断材料をわかりやすく伝える

よく勘違いされるのですが、商品について順序よく、こと細かに話せるからといって、商品説明がうまいわけではありません。

それなら、ただパンフレットを読み上げればいいからです。

大切なのは、お客様が契約するかどうかの判断材料を、どれだけ簡潔に、わかりやすく伝えられるかです。

そのためには、生命保険商品の「おすすめポイント」を3つに絞って話す習慣をつけましょう。お客様が疲れずにスッキリと理解できます。

一方、売れない勘違い営業マンは、親切心から説明を長引かせがちです。

すると、お客様の悩が疲れて「早く終わってくれないかなあ」とストレスを感じ、契約からも心が遠ざかってしまうのです。

結局は、ポイントを絞った商品説明がお互いのためになります。

例えば、生命保険商品だったら「①保障内容　②保険料　③手続の簡便性」などが代表的なポイントです。個々のお客様に合わせて、３つのポイントを具体的にアレンジすることで、加入のメリットが伝わります。

何より大切なのは、商品の魅力とニーズをお客様に実感していただくことです。さもないと、お客様がどんなに商品に詳しくなっても、契約にはつながりません。

例えば、将来的にご両親の介護が心配なお客様だったら、介護に関する具体例を交えながら、①②③のポイントに絞ってお伝えしましょう。

すると、お客様が商品の魅力に気づき、ニーズを理解します。

ダラダラした商品説明は購買意欲を下げる

なお、商品説明の始め方にもコツがあります。

それは、３つのポイントをお伝えする前に、このような前置きを入れることです。

「これから、この商品の○○様へのおすすめポイントを３つお伝えしますね」

すると自動的に、お客様の脳に「３つのポイントを聞くための準備空間」がつくられます。

人は、何をどれだけ話されるかわからない状態で相手にペラペラ喋り出されると、５分も集中できず、記憶にも残りません。

でも、「私のための話が始まるんだな」「3つで終わるんだな」と、あらかじめわかっていれば聞く態勢が整い、最後まで興味を持続できるのです。

前置きのあとも「1つめのおすすめポイントは……」「2つめの……」「3つめの……」と、3つをしっかり区切りながら、それぞれを簡潔にお伝えしていきましょう。

これで話の一貫性が通りますので、最後はもう一度、結論をズバッと言い切ります。

「以上、3つのポイントがあるからこそ、この商品が○○様におすすめなのです！」

これが上手な商品説明です。簡単ですよね。お客様にとってはわかりやすく、営業マンにとっては話しやすく、一石二鳥です。

さらに心理的な観点から補足すると、人は理性ではなく感情で意思決定を行います。

同じ土産品でも、旅先で売っていたら気分が上がって喜んで買い、近所のスーパーで売っていたら平常心で見向きもしないのは、その典型例と言えるでしょう。

同様に、営業マンがダラダラした商品説明でお客様をイライラさせたら、購買意欲が下がって商品がよくても売れなくなるのです。

余談ですが、私は居酒屋によく行きます。

膨大なメニューの中からさくっと注文を決めたいので、すぐに店員さんを呼びとめて「どれがおすすめですか？」と聞くのがいつものパターンです。でも、「これがおすすめですよ！」と即答できない店員さんには、少しイラっとします。ご自分が勤めているお店の人気メニューくらいは、最低でも把握しておいてほしいものだなと（笑）。

みなさんも生命保険営業マンとしてお客様に向き合うからには、その道のプロとして「○○様へのおすすめは、この商品です」と、断言できるようになりましょう。

あとは、その理由を3つのポイントに絞って、順序よくお伝えすればいいのです。

9 「支払事由」の説明には手を抜くな

なぜ支払事由に触れる必要があるのか

生命保険商品には「支払事由」や「免責事由」という項目があります。これは、保険金が支払われる条件や、支払対象外となる条件を明示したものです。

しかし、保険営業マンがこれらの項目にあまり触れずに、説明を怠っている場合があります。これは非常に危険な行為で、本来ならば絶対に手を抜いてはいけません。

では、なぜそこまで支払事由に触れておく必要があるのでしょうか？

それは、契約後のトラブルを未然に防ぐためです。

生命保険会社は、お客様から保険金の請求を受けたら、提出書類と契約内容を照合します。その上で保険金を支払うかどうかを、支払事由にもとづいて判断するのです。

照合の結果、支払事由に該当しなければ、生命保険会社は保険金や給付金を支払えなくなります。免責事由に該当した場合も同様です。

また例えば、事後調査で、お客様がガンにかかっていたことを隠して契約したとわかったら、重大な告知義務違反として「契約解除」になる場合もあります。

ただ、保険に詳しくないお客様が分厚い保険約款（契約内容が記載された文書）を読んでも、結局支払われるのか、支払われないのかが判断しづらいケースも少なくありません。

大きなトラブルに発展するのを未然に防ぐ

そこで、プロである営業マンが、先に支払事由について、丁寧に説明しておく必要があります。

保険金が支払われない可能性をお客様が認識せずに契約すると、大きなトラブルに発展する可能性があるからです。

万一のときに保険金を受け取れなければ、お客様としては何のために加入して、保険料を払ってきたのかわからなくなるでしょう。

結果、保険会社が本人やご家族と争うことにもなりかねません。

生命保険営業マンは、このようなトラブルを引き起こさないため、支払事由について、かみ砕いて説明しておくことが大切です。

そうすれば、次のような7つのメリットもあります。

①保険契約要件の明確化

保険契約は契約書にもとづいて成立し、双方の合意が必要です。

つまり、お客様が生命保険に加入するには、保険金が支払われる条件を正しく理解していなければなりません。

そこで、営業マンがあらかじめ支払事由を具体的に伝えておけば、お客様は契約要件をしっかり把握した上で、安心して契約を結ぶことができます。

②顧客の適切な保護

支払事由は、生命保険会社が保険金を支払うかどうかの判断基準となります。

その基準を、営業マンがお客様に正しく共有しておけば、加入後、予期しない状況で保険金が支払われないという残念なケースを回避できます。

つまり支払事由の明確な説明は、生命保険商品本来の目的である、お客様のリスク軽減や、ご家族の保護につながるのです。

③信頼関係の構築と維持

保険は目に見えない商品ですから、ベースとなる信頼関係が重要です。

お客様は、生命保険会社の誠実さを信じ、営業マンが商品の内容を包み隠さず説明してくれるものと無意識に期待しています。

例えば、保険会社に都合のいい支払事由だけを伝えて契約に至っても、その場しのぎとなり信頼度は上がりません。「○○の場合は、保険金は支払われません」という、支払事由に該当しないケースも正直に伝えておくからこそ、長期的な関係が築けるのです。

④トラブルや紛争の回避

お客様が支払事由を十分に理解してから契約すれば、いざというときのトラブルや紛争を回避できます。理由は、保険金支払請求の際に、生命保険会社とお客様の間で意見の相違が生じにくくなるからです。

結果、手続も円滑に進み、クレーム解決の手間やコストが軽減されるでしょう。

⑤顧客満足度の向上

保険商品について誠実な説明が行われると、その姿勢は必ずお客様に伝わり、満足度が向上します。

そもそも、お客様が支払事由について明確に理解しているからこそ、いざというときに商品から得られる価値を正しくイメージできて、成約率が上がるのです。

さらに、顧客満足度が上がれば、お客様の生命保険会社へのロイヤルティー（忠誠心）が高まり、紹介や口コミによる新規顧客の獲得にもつながります。

⑥法的な要件や規制の遵守

保険業界は、法的な要件や規制に準拠すべきです。

もとより生命保険営業マンは、お客様に正確な情報を提供する責任を負っているのです。ですから、支払事由の説明に手を抜くと、法的な問題や規制当局からの制裁リスクを引き起こし、逆に適切な情報提供を行えば、保険会社や保険業界の信頼性を高めることができます。

⑦顧客ニーズに適した生命保険商品の選択

生命保険商品は多様ですから、特約でカバーできるリスクや病気もそれぞれ異なります。だからこそ、営業マンの丁寧な説明が欠かせません。

その結果、お客様が支払事由を正しく理解し、自身の本当のニーズや予算に合った保険商品を選ぶことができるのです。

伝え方も十分に工夫しないと伝わらない

このように、支払事由の説明に力を入れると、多くのメリットがあります。

まだお客様が自分事になっていないプレゼンの段階で細かすぎる話は必要ありませんが、いざ契約という段になったら、解説と確認は怠らないようにしましょう。

それに、生命保険営業マンのほうではきちんと伝えたつもりでも、お客様には案外伝わっていないものです。また、そのときは伝わっても、覚えていなかったりもします。

ですから、いざ支払手続となったときに「そんな話、聞いていなかった」「それは知りませんでした」などと言われないよう、要点をメールで送る、メモを渡すなど、伝え方も十分に工夫してください。

生命保険会社は、お客様の利益を最優先に考え、適切な説明と情報提供を行って、透明性と信頼性を確保すべきです。くれぐれも支払事由の説明に手を抜いて、お客様とトラブルを引き起こさないよう注意しましょう。

10　お客様が理解しやすい言葉を選べ

専門用語や技術用語をとことん避ける

生命保険商品の説明においては、お客様にストレスを与えないことが非常に重要です。頭を使わなくても理解しやすく、商品への安心感につながる言葉選びにこだわりましょう。

例えば「解説します」という表現は、営業マンが一方的に講義するような緊張感を伴い、お客様との対話を促すものではありません。

一方、「お伝えします」という柔らかい表現なら、お客様に対する敬意や安心感を伴い、双方向のコミュニケーションを生み出しやすくなります。結果、お客様も当事者として、意見や疑問をさしはさめるのです。

また、生命保険の商品説明では、専門用語や技術用語を使わないことも大切です。たとえ営業マンにとってなじみのある言葉でも、お客様が聞き慣れなければ理解が浅くなり、商品への信頼感を損なう原因になりかねません。

具体的なイメージが湧く言葉を使う

ですから、売れる営業マンは小学生でもわかるような言葉を使います。

例えば、「保障期間」を、「保険が有効な期間」と言い換えれば、多くの人はストレスなく理解できますよね。このような配慮をしてみてください。

さらに、お客様が興味を持ちやすい視点を取り入れるのもポイントです。

例えば、「将来の不測の事態に備えるために必要な保険」ではなく、「大切なご家族や自分自身を守るために必要な保険」という表現のほうが、お客様にとって身近に感じられるでしょう。なぜなら、具体的なイメージがすぐに湧くからです。

また、お客様が社長なのか、一家の大黒柱なのか、シングルマザーなのか等、それぞれのお客様の立場に合わせた説明を心がけてください。

個々のお客様が抱える不安や疑問に対して、的確かつ丁寧にお答えすることで、「この人ならわかってくれる」と、グンと信頼度を高めることができます。

このように、生命保険契約をいただくには、お客様に必要な情報を、とことんわかりやすく、イメージしやすい言葉でお伝えするのが肝心です。

お客様に余計なストレスを与えないよう、小学生に説明するような気持ちで、聞きやすい言葉選びを徹底しましょう。難しい専門用語を並べ立てても「一目置かれる」なんてことはありませんから！

なお、プレゼンに限らず、クロージングにおいても言葉の選び方は大切ですので、１２６～１２７頁にポイントをまとめておきますね。

11　自分の思いをのせた「決めゼリフ」を必ず入れよ

決めゼリフとは何か

売れる生命保険営業マンは、さまざまな事前準備を行っています。中でも、手っ取り早く成果が出るのが「決めゼリフ」です。

営業マンの使命は問題解決と願望実現のお手伝いですから、効果的な決めゼリフを使えば、お客様の背中をしっかり押すことができます。

また、決めゼリフによって、トークに独自性が加わり、ライバル営業マンに大きく差がつきます。結果、高い営業成績をキープできるのです。

即決から遠ざかる

訴求フレーズはNG！

- 「ご検討ください」
- 「ゆっくり考えてくださいね」

これだと、お客様は言われるままに
「検討するだけ」「考えるだけ」になってしまいます。

本当にしてほしいことが明確に伝わる

訴求に！

- 「ご決断ください」
- 「ご契約ください」
- 「私にお任せください」

断り文句の切り返しに
逆接の言葉はNG！

- ☑「ですが…」
- ☑「しかし…」
- ☑「とはいえ…」

これでは、お客様が否定されたと感じます。

お客様を警戒させない順接に！

- ☑「お気持ちよくわかります、その上で…」
- ☑「そうですよね、だからこそ…」
- ☑「なるほど！それでしたら、もし…」

ここでいう決めゼリフとは、自分の熱い思いをのせた一言のことです。

例えば、生命保険営業の仕事にかける熱意や、なぜこの仕事を選んだのか、この仕事を通してどうなりたいのか、といった使命感をトークに盛りこむのです。

もちろん私も、必ず最後に訴える決めゼリフを持っています。

これが効果絶大で、お客様から「栄本さんからあの一言を言われたら、保険に入らなきゃという気持ちになるよ」とよく言っていただけます。

私の研修で具体的にお伝えしているので、興味のある方は聞きにきてください。

お客様は、何年かして自分が入った保険内容を忘れても、加入を決めたときのワンシーンはよく覚えているものです。

それほど、ここぞというときの決めゼリフには、お客様に強い印象を与え、契約を促す効果があるのです。

迷うお客様は営業マンの自信になびく

営業マンの思いをストレートに伝えるからこそ、決めゼリフは、お客様に深く響きます。

生命保険営業マンの使命は、ただ単に商品を売ることではありません。お客様の問題解決や願望実現につながる保険の提供です。

だからこそ、その思いを本気で表現できる営業マンが成功するのです。

また、決めゼリフを持つことは、営業マンの自信にもつながります。多少、商談のどこかで失敗したとしても、決めゼリフで挽回できるでしょう。さらに、その言葉を発する度に、本来の目的を思い出し、初心に返るきっかけともなるのです。


こうして営業マンが思いを明確にするほど、お客様にも保険の魅力が伝わります。

ブレない信念から生じる自信が、お客様の心を動かし、行動に導いてくれるのです。

「あれこれ迷って決断できないお客様ほど、営業マンの自信になびく」と、覚えておきましょう。

保険のトップセールスは、まるで催眠術のように、「この人の話を聞いていたら、なんだか加入しておいたほうがいい気がしてきた」と感じさせます。

それも実は、決めゼリフに力があるからです。だからこそ、同種の商品を扱う多くの競合他社を引き離していけるのです。

なお、決めゼリフがバシッと決まるかどうかは、「お客様に心が伝わるかどうか」にかかっています。

話が上手いだけではなく、思いが伝わる営業マンになる

ちょっと想像してみてください。

もし、同じ商品を同じ料金で販売している営業マンが何人もいたとしたら、あなたはその商品を誰から買おうとするでしょうか？

きっと話が上手いだけではなく、思いが伝わる営業マンから買うのではないでしょうか。

他の商品もそうですが、いざというときの命綱になる生命保険は特に「誰から加入するか」が重視されます。

私は某信用金庫に営業で出入りさせていただいたことがあるのですが、その信用金庫は某生命保険会社のがん保険も取り扱っていました。

ある日、職員の1人が、がん保険のクロージングをするというので、同行してあげたときのことです。訪問先のお客様は、開口一番にこうおっしゃいました。

心に響く決めゼリフのポイント

「この保険はどこで入っても値段が一緒だろ？　お宅で入るメリットは何かね？」

確かに、同じ生命保険会社の商品なら、販売者に関わらず、支払う保険料は同じです。

そこで私が、信用金庫の責任者の声を代弁させていただきました。


「この信用金庫は、時の流行りでがん保険や医療保険を売っているわけではありません。地元の方々のおかげで大きな信用金庫となり、地元のお客様とともに成長し、より多くの方々のお役に立てるようになりました」

「しかし、ともに歩んだお客様が病気になられては、お役に立つのも難しくなります。私たちにとって、お取り引きいただいているお客様のお役に立てなくなるのはとても辛いことです」

「でも、保険にさえ入っていれば医療保障を使って、多くのお客様に健康な生活を取り戻していただけるはずです。そのための環境整備として、私たち信用金庫がこの保険を取り扱っているのです」

「ですから○○様も、いずれどこかで加入されるのであれば、『自分の成績のために入ってください』と言わんばかりの保険会社よりも、ちゃんとした思いを持っているところでご契約ください」

これを聞いたお客様は、「今の言葉、身に染みたわ。入ったる！」と、二つ返事で契約してくださいました。

このように、いかにお客様の心に響く思いを伝えられるかが決めゼリフのポイントです。

なかなか決めゼリフが定まらない段階なら、保険営業に対する情熱がまだ生まれていないか、トーク化のスキルが足りないかもしれません。

でも、諦めずに商品知識をつけて研鑽を積めば、徐々に保険の重要性とやりがいを感じられ、決めゼリフもおのずと定まっていくものです。

ヒントとしては、会社の経営理念や、商品開発時の困難克服ストーリー、幼い頃の自分の夢などを組み込むと説得力が増します。

例えば、「私は子どもの頃に、経済的な理由で家族がバラバラになる経験をしており、『もしものときに家族を守る』という弊社の理念に深く共感して、この会社で働いております。ですから、保険で多くの方に安心をお届けしたいのです」と、こんな感じです。

さらに、「もし自分がお客様だったら、何と言われたら保険加入する気になるのか」も想像しながら、情熱的なセリフづくりに挑戦してみましょう。

個別に相談したい方は、公式ＬＩＮＥにメッセージを送ってくださいね（１４０頁）。

保険を資産形成のセーフティーネットに

最近は「保険離れ対策」について、頻繁に相談が寄せられます。

ＮＩＳＡやｉＤｅＣｏなどの投資ブームで、保障性の保険は販売不振が続いているからです。新ＮＩＳＡによる逆風も大きくなっています。

ただ、気軽に積立投資を始めた結果、短期解約者が増えているのをご存知でしょうか？損切りに加えて、病気や災害などで急遽、資金の引き出しが必要になったケースです。

残念ながら、長期運用商品の短期解約には、元本割れのリスクが伴います。老後のため、夢を叶えるための資産を切り崩し、マイナスまで出たら本末転倒でしょう。

そこで、資産を守る目的で、保険の併用をすすめる売り方があります。

保険を長期的な資産形成のセーフティーネットにしていただくのです。

お客様にはこのようにお伝えしていきます。

「○○様は、何のために貯蓄や投資などの資産形成をされていますか？」

「家族旅行とか、あとは老後のためかな」

「さすがです、老後30年とも言われていますから、夢を叶えたあとは、ゆとりあるシニアライフがいいですよね。その上で、決して起きてほしくはないことですが、万一、ガンのような大きな病気になって、何百万円もの治療費が必要となった場合、また長く働けなくなった場合など、すぐに貯金が尽きることも珍しくありません。すると、NISAなど長期運用が前提の商品も、解約せざるを得なくなります。実際にそんな方々を、私は何人も見てきました。結果的に、元本割れなどの損失が出るだけではなく、その備えで実現するはずだった夢や老後の安心も一気に失われてしまうのです。ですから、私は『長期運用の資産を守るために、元本割れリスクの高い期間だけでも、保険という傘でカバーをかけておきましょう』と、みなさんにお声がけしているのです。〇〇様、もうご準備はお済みですか？」

治療費や入院中の生活費を、がん保険などでまかなえれば、資産を守れる上に、安心して治療に専念できるでしょう。

このように昨今の投資ブームにおいても、セーフティーネットとしての保険は、必ずお客様の役に立ちます。

保険営業マンは、そこに自信を持って日々の活動に励んでください。

★まとめ　即決営業流「マル秘」テクニック11か条

①保険はお客様のために「即決」で決めさせてあげるべし。
②示唆質問の基本を学び、声かけの王道「引っかかりトーク」で相手の耳を傾けさせるべし。
③引っかかりトークで機会損失のデメリットを伝えて、「私の保険は大丈夫かしら？」「保険に加入しないとまずいかも……」と、聞く耳を持たせるべし。
④お客様に質問するときは、誘導尋問などのＮＧパターンに気をつけるべし。
⑤引っかかりトークに引っかからない人は追わず「後回し」にすべし。
⑥生命保険に入っていない人よりも、入っている人を優先ターゲットにすべし。
⑦掛け捨て型の加入者には、貯蓄性や保障性を高める提案をすべし。
⑧パンフレットを読むような退屈な商品説明ではなく「おすすめポイント３つ」に絞るべし。
⑨「支払事由」「免責事由」の説明は手抜きせず、丁寧に行うべし。
⑩お客様の聞きやすい言葉を選び、対話を大事にすべし。
⑪お客様の心に響く「決めゼリフ」に情熱を乗せて、ライバルを一気に引き離すべし。

●コラム3／人は理屈ではなく「ストーリー」で買うの？──

「感動」という言葉があるように、人は理屈では動かず、感情で行動します。まずは感じて、次に考え、そして行動する、というのが人の行動原理です。

例えば、日常では着ていく場所のないような高価な民族衣装。海外旅行中に喜んで買ってしまった経験はないでしょうか？

このように、人の購買欲は感情に左右されます。

もっと言えば、私たちはものやサービスを買っているようで、実は物語や体験を買っているのです。

つまり、人が最も求めているのは、商品やサービスを買うことによって得られる感情だということです。

例えば、安心感や自己肯定感、ステータス。

自家用車なんて、冷静に考えたら燃費よく走れるほどいいのに、あれこれこだわって高級車を買いたがる人などはその典型ですね。

お洒落だけどスマホさえ入らないミニバッグや、カッコイイけど着づらいブランド服なども同様です。

こうして、人は心を満たすためにものを買います。


そこで、感情に訴える最たるものが「ストーリー」です。人はストーリー仕立てで話されると、ついつい引き込まれてしまいます。

なぜなら、ストーリーなら左脳で難しく考えなくても、自然に右脳に残るからです。

例えば、本書をここまで読んでくださった方なら、私が兄をガンで亡くした実話などは、覚えようとしなくても、記憶に残っているのではないでしょうか。

でも、個々の営業テクニックの詳細については、読み返す必要があるかもしれません。

脳は基本的に省エネモードですので、情報処理にエネルギーを使わない話を好むのです。

私も営業活動の中で、ストーリーの強力さをいつも実感しています。


では、生命保険営業マンは、どんな場面でストーリーを使えばいいのでしょうか？

おすすめは、「自己紹介」と「お客様の声」です。

次に具体的な流れのつくり方をお伝えしていますので、活用してくださいね。

自己紹介ストーリーのつくり方

①今日は○○様に、ある人の話をさせていただきたいと思います。
②その人は、昔、○○（失敗や逆境などの苦労話）をしていたのです。そんな自分の人生を、正直ドン底だと思っていました。
③でも、あるとき○○の機会が訪れました。そこで、○○（商品やビジネス）と出会って、○○にまで展開したのです。
④現在、その人は○○をしていて「将来は○○でありたい」と考えています。過去の経験があったからこそ、大切な夢ができたのです。
⑤実はこれは、私自身の話です。このような経験から、○○様にお力添えできるよう精一杯お話を聞かせていただきますので、本日はよろしくお願いいたします。

※過去（失敗・逆境・挫折）↓現在（活動内容）↓未来（ビジョン）の流れで話すとスムーズです。

お客様の声ストーリーのつくり方

①印象的なお客様との出会い
②アポを取るときの、そのお客様のお悩み（ビフォー）
「営業成績が何年も伸びず、後輩の前で上司に罵倒されていた」など
③営業マンがお客様にお伝えしたプレゼン内容
④それに対する、お客様の葛藤や迷い
「私にできるのか」「本当に変われるのか」など
⑤どうクロージングをかけて、お客様がどう決断に踏み切ったのか
⑥現在の成功しているお客様の様子（アフター）
「３か月連続で営業所のトップになり、パワハラ上司を追い抜いた」など

※人はビフォー・アフターの変化を知るのが大好きなので、実際のお客様の成功例をストーリー仕立てでドラマチックに話すと引き込まれます。

第6章　即決営業流で成功した保険営業マンたち

私の研修を受けた方々の多くは、ありがたいことに「売れる生命保険営業マン」として見事、巣立っていきました。

それは私がすごいのではなく、即決営業流のテクニックは再現性が高く、教わったことをきちんと実践すれば、どなたでも成功できるからです。

ここに、そんな受講生たちの中で、特に印象に残っている5人の成功例をご紹介します。

1 「即決営業流」を学んで6か月でMDRTを達成

営業の技術が言語化され、何がダメなのかがわかった

この方は、外資系の生命保険会社に勤めている男性です。

入社1年半で成約率が著しく下がり、スランプに陥っていたところ、YouTubeで営業関連動画を検索して視聴するようになりました。

そこで「即決営業チャンネル」に出会い、保険特化セミナーの存在を知って申し込み、さらに個別コンサルを経て本研修に参加しました。

本研修は、初級・中級・上級の3つがセットになっていますが、彼は2日間の初級研修

を終えた時点で、スランプが嘘のように成約率が上がり、上級研修が終わった頃には、なんとMDRTを達成してしまったのです。

受講開始から半年、入社2年目の快挙でした。

本人に成功の理由を聞くと、「なんとなくでやってきた営業の技術が、研修ですべて言語化されて、何がダメなのかわかったから」と、おっしゃっていました。

それからも時々連絡をくれて、今ではマネージャーとして新人営業マンの研修を担当しているそうです。

電話の最後に「本研修で学んだことを、そのまま新人研修に活用して、新人営業マンの成績も右肩上がりなんです！」と伝えてくれた明るい声が印象的でした。


MDRT（Million Dollar Round Table）とは

1927年に発足した、卓越した生命保険・金融プロフェッショナルの組織。世界中の生命保険および金融サービスの専門家が所属するグローバルな独立組織として500社70か国で会員が活躍。入会条件は、手数料・保険料・収入ベースのいずれかの基準を満たす必要があり、およそ年収1000万円レベルと言われている。

2　初級研修受講後に5件成約、2か月後に大口案件を獲得

勇気1つで一歩を踏み出し、目覚ましい進化を遂げる

こちらも外資系の生命保険会社に勤めている、30代の女性です。

職域を回ってもほとんど契約が取れず、ノルマ未達による失職の危機に瀕して、とても焦っていました。

「すでにご契約いただいたお客様のためにも、簡単に辞めるわけにはいかない」と思った彼女は、インターネットで即決営業のＨＰを見つけて保険特化セミナーに参加し、1対1の個別コンサルも受講しました。

そのとき「本気で売れるようになる」と覚悟が決まり、夫に内緒で受講費用を捻出して、エイヤッと6日間の本研修に飛び込んだのです。

背水の陣で臨んだ彼女でしたが、時期が悪く、コロナ禍の真っただ中……。

自宅待機中の2人の子の面倒も見なければならず、慣れないオンライン研修を懸命に受

講しました。

やんちゃなお子さんたちが、画面に映りこむこともしばしばでした。

しかし、この努力が功を奏し、初級研修を終えた頃には、とんとん拍子に5件の成約。さらに2か月後には、初の大口契約を獲得しました。

とりわけ「引っかかりトーク」が冴えていたので、お客様が耳を傾けたくなるアプローチで信頼関係を結び、相続がらみの契約をバシッと決めてきたのです。

この話を聞いたときは、私も感動のあまり一緒に涙ぐんでしまいました。

ほんの数か月前まで1件の小口契約を取るのも困難だった彼女が、勇気1つで一歩を踏み出し、こんなに目覚ましい進化を遂げてくれたのですから。

3　所長から見捨てられていたのに営業所でトップに！

「話すときは話し、聞くときは聞く」を覚えこみ、苦手を乗り越える

この受講生さんは、私の中で最も印象深い存在です。

国内の生命保険会社に勤めている60代の女性で、とても個性的な方でした。

つい自分のことを一方的に話してしまい、他人の話に耳を傾けるのが苦手という特性があったのです。

これでは営業成績など上がるわけもなく、所長からも呆れられ、見放されていました。

それでも彼女は「この仕事が好きだから、75歳まで続けたい」と、さまざまな営業研修を渡り歩きましたが、どうしても売れずに諦めかけていたそうです。


そんな矢先、彼女にラストチャンスが訪れます。『即決営業』という書籍から弊社を見つけ、保険特化セミナー、個別コンサル、本研修の順に受講することになったのです。

私はセミナーで彼女の特性に気づいていましたので、ご自分のペースで習得していただけるよう、通常の本研修ではなく、Ｚｏｏｍによる「1対1の特別研修」を提案しました。

それからは二人三脚で、一進一退を繰り返しながら、根気よく学んでいただくこと1年。

研修終了時には、訪問先の社長から気に入られ、営業所でトップの成績を取れるようになっていました。

今では例の所長から「あなたには頭が上がらない」とまで言われているとか。

でも60代まで変われなかった彼女が、なぜ急に変われたのでしょうか？

それは研修を通して「話すときは話し、聞くときは聞く」という具体的なトークを完成させて、隅々まで覚えこんだからです。商談の最初から最後まで、効果的なセリフと流れが定まると、アドリブによる暴走の余地はほぼなくなりました。

営業には向き不向きがあると言われていますが、それを見事に乗り越えてくれたのが彼女です。

75歳までバリバリ売る保険営業マン、カッコよすぎます！

彼女を思い出すたび、「たとえ営業に不向きな面があったとしても、必ず努力でカバーできる」と信じざるを得ません。

4　本研修受講後に「契約率１００％」を達成！

訴求と正しい切り返しで百発百中のヒット率に

この方は、外資系の生命保険会社に勤める30代前半の男性です。

なかなか契約率が伸びずに悩んでいたところ、Ｆａｃｅｂｏｏｋ経由で即決営業のページにアクセスし、個別コンサルと本研修に参加しました。

彼は本研修の中で自分の弱みにいち早く気づき、特に中級研修の「悩みの具体化」と、上級研修の「訴求」に力を入れて、徹底的に学びました。

すると、研修が終わる頃には、なんと契約率が20商談で100%に達したのです。

お客様の悩みをとことん掘り下げ、訴求と断り文句への正しい切り返しを行うことで、まさに百発百中のヒット率となりました。

私はいつも受講生のみなさんの「成約率60%超え」を目指して研修を実施していますが、さすがに100%はアッパレです。

揺るぎなきトップセールスの誕生を、心から嬉しく思います!

5　学びを部下に共有したら営業所の売上が2倍に

「困ったときの即決営業流」で、再現性の高いメソッドをマスター

最後は、国内の生命保険会社に勤務している50代の女性です。

営業所長クラスの方で「自分は売れるのに、一体どう教えたら部下たちの営業成績が上がるのか、さっぱりわかりません」と、胃が痛くなるほど育成に悩んでいました。

それで困り果てていたところ、即決営業のHPにたどり着き、部下たちのために藁にもすがる思いで、自腹を切って本研修に申し込んだのです。

彼女は、中級研修が終わると、学びたてのテクニックを1つひとつ丁寧に、部下に伝えていきました。特にセリフづくりとロープレに力を入れたそうです。

すると、彼女にとって奇跡のような変化が、次々と起こりました。

・1人で職域に行けず、上司の同行が欠かせなかった部下がひとり立ちした
・「考えます」で引き下がらず、即決で契約を取ってくる部下が増えた
・月末が近づくほど暗くなっていた部下たちが明るくなり、営業所の雰囲気もよくなった
・所内の売上が2倍になった

これらは、研修で売れるトークを完成させた当然の結果です。最終日、彼女と握手をして「栄本先生に出会えてよかった」と言っていただいたことは忘れられません。

以上、読むだけで勇気をもらえる5人の成功例をご紹介しました。

再現性の高い営業メソッドをマスターすれば、性格やコミュ力、トークの得手不得手もどんどん乗り越えていけます。「困ったときの即決営業流」、ぜひ覚えておいてください。

●コラム4／部下育成のコツ

実力をつけて営業所のトップとなり、所属の営業職員を育成する立場になると、途端に壁にぶつかる人がいます。なぜなら、部下を売れさせないと、自分の成績が上がらないからです。経験で培った営業力だけでは、効果的な育成はできません。

上司からは「営業所の成績が悪い」と責められ、部下の指導や同行を繰り返しても結果が出ない日々。「いっそ自分が代わりに」と、契約を取ってきたくもなるでしょう。

実際、自分の契約を、こっそり部下の手柄にしている所長も少なくないのです。

しかし、それで感謝はされても、部下は育ちません。営業所の成績は一時的に上がりますが、一度でもズルをすると、結果的に売れない部下を甘えさせ、依存させることになるのです。どこからか「えこひいき」などの噂も広まり､営業所内の人間関係も悪化します。

では、どうすれば効果的な育成ができるのでしょうか?

まず、具体的な「売れるセリフ」を教えることが第一です。その上で、心がけておくべき10のポイントを、次にお伝えしていきます。

①明確な目標設定

部下と一緒に「結果目標」と「行動目標」を設定しましょう。

少し手を伸ばせば届きそうなゴールを数字で設定し、それを達成するための具体的なアクションプランを考えます。次に、やるべきことのチェックリストを作成させて、進行度の可視化と共有をしてください。

②モデルとなる行動

あなたが思うより、部下はあなたをよく見ています。ですから、部下が見習いたくなるような「よい例」を、普段の行動で示しましょう。

部下に望むコミュニケーションスキル、セールステクニックなどを、まずはあなたがしっかり実践できるよう心がけてください。公平さや誠実さ、明確性、一貫性などが大切です。

③コミュニケーション

部下が気を遣わず話せる時間をつくって、定期的なコミュニケーションを取りましょう。オープンマインドで部下の意見やアイデアを受け入れ、自己肯定感を高めさせることが大切です。フィードバックやアドバイスも適度に与えて、成長をサポートしてください。

④個別ニーズに対応

公平さは大切ですが、部下は1人ひとり違うので、まったく同じ指導では育ちません。先入観を捨ててよく観察しましょう。

「独立心が強い」「はっきり指示してほしい」「協調性がある」など、それぞれの強みや性格に合わせたトレーニングを提供すれば、成長が加速します。簡単な特性診断テストを全員に受けてもらえば、本人の自覚も促せますし、育成のいいヒントになるでしょう。

⑤モチベーションの向上

部下のモチベーションを高めるには、目標達成に伴う「インセンティブ設定」が有効です。飛び抜けた人しか評価されない社内制度とは別に、営業所内のメンバーが、それぞれの成長を実感できるように条件を工夫しましょう。

またチームビルディングを意識し、職場環境や人間関係がよくなるよう配慮することで、部下のやる気をキープできます。

⑥継続的な学習と成長

保険業界は常に進化しています。部下が遅れをとらないよう、継続的な学習と成長の機会を提供しましょう。

セミナーや学習プログラムへの参加を奨励し、新しい市場動向や商品知識を習得できる場を設けることが大切です。

⑦チームワークの促進

部下同士の連携や、チームワークを促進しましょう。定期的なミーティングや情報共有の場を設け、相互サポートやアイデア交換を行いやすくします。

また、「他社比較のお客様」「金銭問題のお客様」など、チーム内の共通言語を増やすことで一体感が生まれ、お互いがその言語に関する体験談を話し合いやすくなるでしょう。

⑧自己啓発の推進

部下に自己啓発の重要性を伝え、自己成長意識が高まるように、さりげなく手助けしましょう。

役立つ書籍やオンラインリソースをタイミングよく紹介して、それを学ぶための時間を割り当ててください。具体的な学習計画や目標設定をサポートするのも大切です。

⑨サポートと責任感のバランス

部下の成長をサポートする一方で、彼らの自主性や責任感を尊重しましょう。

必要な支援と指導を与えながらも、過度な口出しは控え、部下が自らの成果に責任を持つよう促してください。適度なチャレンジから達成感と自信が育まれます。

⑩成果の認識と賞賛

部下が目標達成したり、壁を越えたりしたときは、決して見逃さないようにしましょう。さらに営業所内で簡単な表彰式をするなど、成長を賞賛する機会をつくってください。

一方、長く結果が出ない場合には、フィードバックや課題を与えてみましょう。

以上、部下を育てる10のポイントをお伝えしました。

トップセールスに上り詰めれば、育成はつきものです。「自分も最初はできなかった」ということを忘れずに、再現性の高いテクニックを伝授していくとよいでしょう。

そうすれば、リーダーという役割が、ますますあなたを大きく羽ばたかせてくれます。

第7章　「即決営業」Q&A

第5章、第6章では、「マル秘」営業術と、即決営業流のリアルな成功例をご紹介しました。「これなら私にもできるかも」と思っていただけたのではないでしょうか？

そこで、まだまだ気になることが盛りだくさんのあなたのために、ここからはよくあるご質問に回答していきます。

Q1 「株式会社即決営業」ってどんな会社ですか？

A1 トップセールスの具体的なトークと、再現性の高いテクニックをお伝えする営業研修会社です。受講生のニーズに合わせたトーク作成で、売上に直結するのが特徴です。

代表の堀口が考案した「即決営業メソッド」が口コミで広がり、研修依頼が相次いだことを受けて、２０１５年に設立されました。翌年、『即決営業』の書籍出版で、メソッド公開へと踏み切っております。

当社の圧倒的な強みは、営業マン最大のお悩みである「考えます」「検討します」の攻略です。

成約率86・2％を実現する組織づくりをテーマに、売れるトークスクリプトが作成できる研修を提供し、即決クロージングに強い営業マンを育てます。

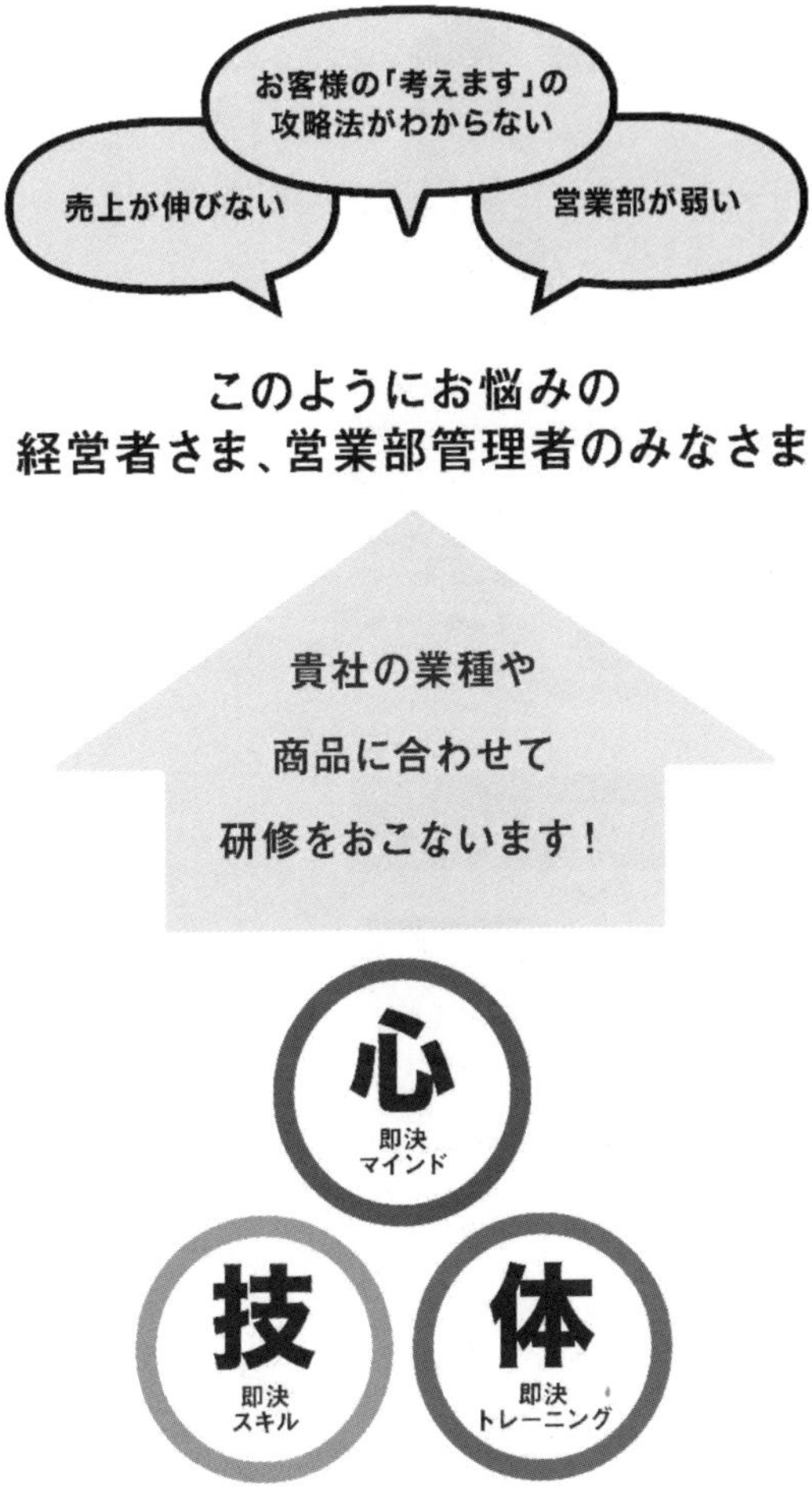
お客様の「考えます」の
攻略法がわからない
売上が伸びない
営業部が弱い
このようにお悩みの
経営者さま、営業部管理者のみなさま
貴社の業種や
商品に合わせて
研修をおこないます！
心
即決
マインド
技
即決
スキル
体
即決
トレーニング

即決営業の心技体

Q2 「即決営業研修」はどんな業種で有効ですか？

A2 保険業はもちろん、不動産やリフォーム会社、太陽光蓄電池関係、塾やクリニックなど、営業が必要な業種であれば、どこでも通用する研修を行っています。営業の原理原則をお伝えするので「商品を問わず何でも売れる営業マン」になっていただけます。

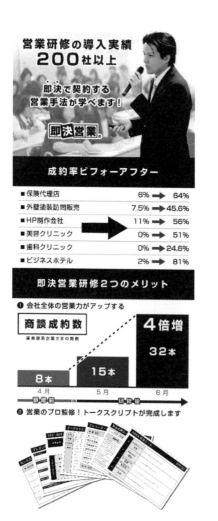

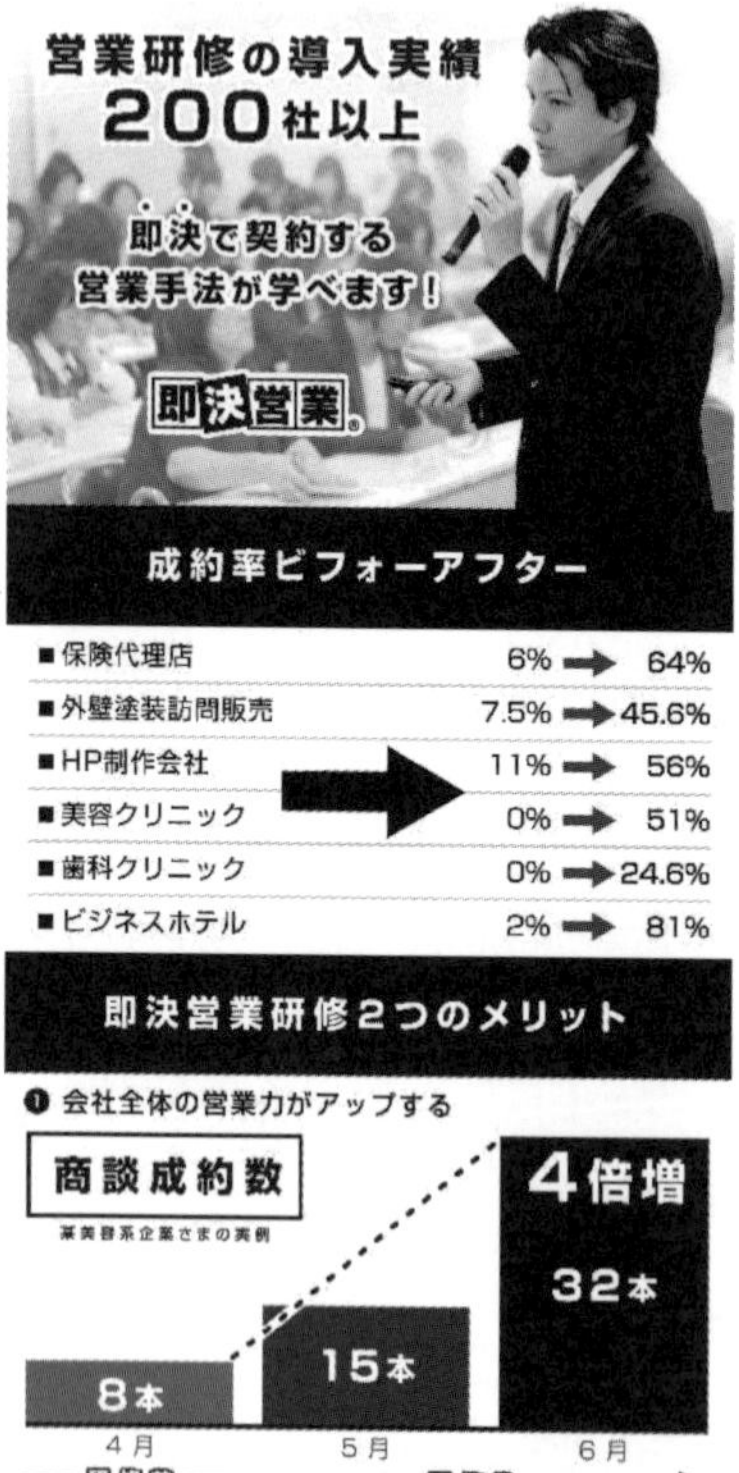

Q３　「即決営業研修」はどんな内容ですか？

A３　６日間の本研修は、営業活動に必要なスキルを網羅できるラインナップで、当社オリジナルのテンプレートを使って、具体的なトークも作成可能です。アポ取りから商談成約までの各シーンに合わせた体得研修ですので、新人さんも即戦力になれます。

即決営業の研修内容　各研修　平日10：00～17：00（休憩１時間）

問題提起研修　初級・１日目

「ニーズの引き出し方」や「問題の顕在化」など問題提起の具体的な手順をあなたの商品に当てはめて作成していきます。
名刺交換直後のフロントトークの具体的な流れが手に入ります。

プレゼンテーション研修　初級・２日目

プレゼンテーションの３つの柱を軸にして、あなたの商品に当てはめたプレゼンテーションシナリオを作成していきます。
プレゼンテーションの具体的な流れが完成します。

ポジティブクローズ研修　中級・３日目

クロージングの基本形「理由＋訴求」を軸にして、あなたの商品に当てはめたクロージングフレーズを作成していきます。
お客様の「考えます」を攻略する具体的なセリフが手に入ります。

ネガティブクローズ研修　中級・４日目

お客様は、商品を買って得られるメリットよりも商品を買わなかったことによって発生するリスクに大きな反応を示します。
お客様の不安をあおるネガティブクローズの具体的なやり方が手に入ります。

応酬話法研修　上級・５日目

お客様の様々な「考えます」に対しての応酬フレーズをあなたの商品に当てはめて作成していきます。
「主導権パネル」を使って主導権を奪うタイミング、渡すタイミングを体得します。

誘導話法研修　上級・６日目

お客様を契約というゴールの近くまで誘導するための「仮定法」「二者択一」「極論」の３つの誘導話法の具体的なやり方が手に入ります。
ゴールの近くから訴求することで、あなたの成約率は大幅に上がります。

※上記内容は変更になる場合もありますので、あらかじめご了承ください

あなたの商品に合わせた	誰でも簡単に使える	即決営業メソッドを体得する
プレゼンテーション・クロージングシナリオが完成	クロージングマニュアル作成テンプレート	実践トレーニング

即決営業メソッド32の極意

心 mind

01 最優先事項設定
02 絶対的価値観
03 チャンネル設定
04 決めつけ
05 サムライの法則
06 ターゲット3%
07 曖昧の法則
08 成金の法則
09 自己責任意識
10 ポジティブ行動

技 presentation

11 先回り
12 論点固定
13 引き出し
14 具体化
15 当てはめ
16 利点話法
17 比較話法
18 体感誘導
19 100%同意
20 仮定法

体 closing

21 二者択一
22 極論
23 権威
24 過半数
25 カギカッコ
26 一貫性通し
27 一貫性外し
28 ゆさぶり
29 すり替え
30 第三者アタック
31 補正
32 最後の切り札

全32動画&テンプレート

「即決営業流」で売れる5つのポイント

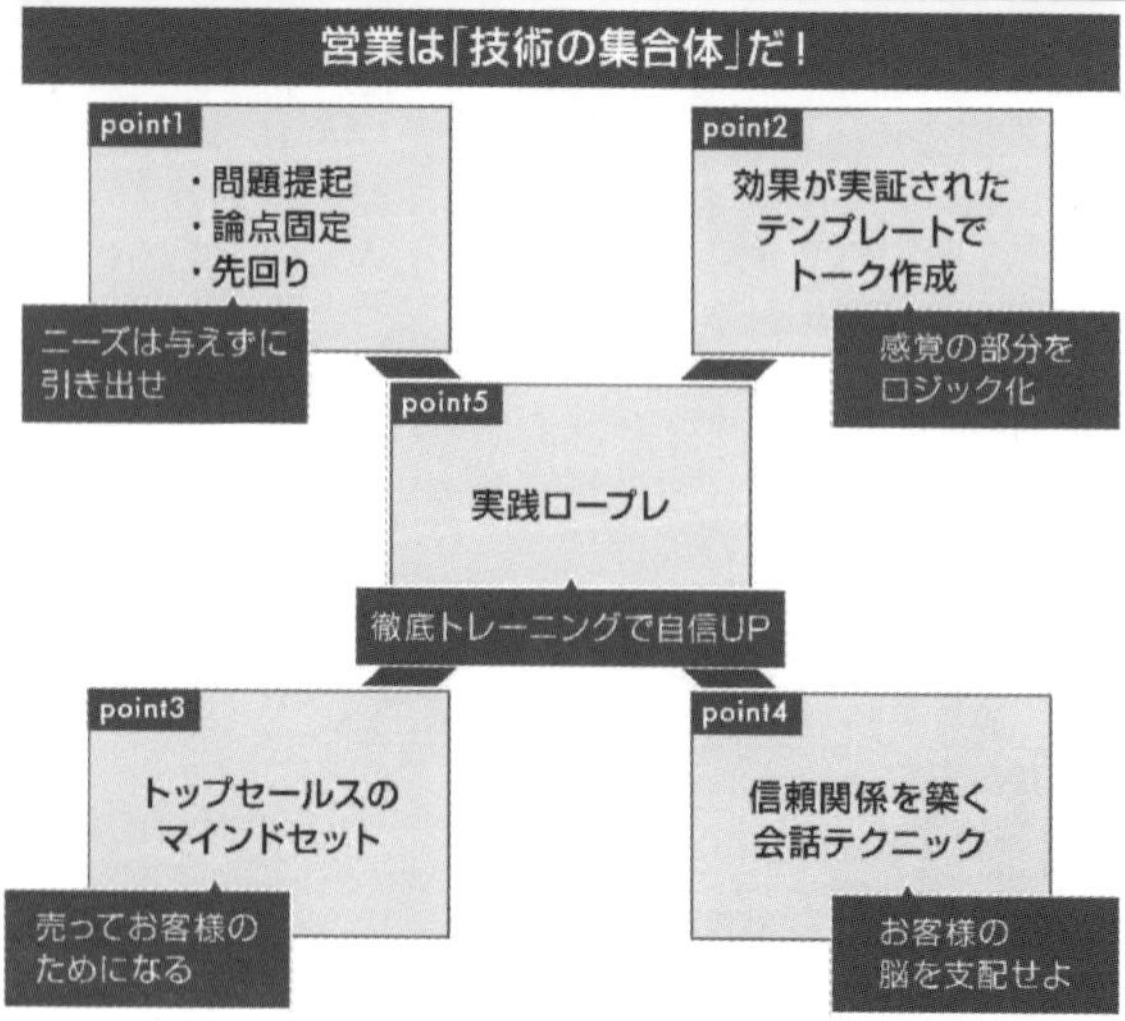

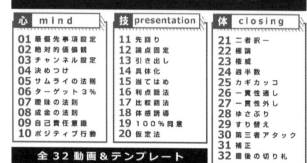

Q4　長年の「経験則」で成功できないのはなぜですか？

A4　営業の原理原則が、本当にはわかっていないからです。

経験則の営業は感覚的で、再現性や汎用性に欠け、売上のアップダウンがつきものです。スランプに陥ったら最後、原因も追究できず抜け出せません。

経験則でたまたま売れた上司から営業を教わった場合も同様で、新人営業マンの不幸はここから始まると言えるでしょう。

さらに商品や客層が変わると、経験則では応用が利かず、一から学び直しになります。

結局、営業で成功し続けたければ、理論的な営業術一択です。心理学と脳科学にもとづく「即決営業流」なら、約8割のお客様に通用するので、何でも売れるようになります。

Q5　「即決営業流」は独学でも習得できますか？

A5　できないとは言いませんが、習得スピードと実践力に大きく差がつきます。

研修受講の最大のメリットは、即決営業のプロトレーナーに教わりながら「売れるトーク作成」ができること、その場で「実践経験」が積めることです。

一緒に研修を受ける仲間の存在も、いい刺激になるでしょう。研修中に仲間の成果を聞けば、「私もできる！」と励みになります。

独学だと「サボりたい」「もう諦めたい」などのネガティブ感情に陥りがちですが、研修を受けて途中で投げ出す方はほとんどいません。

【正しい営業術のインプット】→【即アウトプット実践】→【プロ目線の理論的なフィードバック】、という「上達サイクル」を回すのが、真の成功への近道です。

なお、研修はＺｏｏｍによるオンライン受講が可能で、大阪・東京では対面研修も選べます。

日程も数多くの候補の中から、ご都合に合わせてスケジューリングしていただけますので、独学が苦手な方、早く確実に結果を出したい方はご活用くださいね。

Q６　「即決営業研修」に参加条件はありますか？

A６　「何が何でも成約率を上げたい」「正しいセールスを身につけたい」「最強の営業組織をつくりたい」といった目的意識のある方に、参加していただきたいと思います。

研修では、買い手マインドを売り手マインドに転換して「即決で売る価値観」を身につけていただきますので、売れたい理由があって課題をお持ちの方の参加が望ましいです。即効性のある強力なメソッドですので、成功モチベーションが低く受け身の方、行動に移さない方、自己投資ができない方にはあまりおすすめできません。

Q7 「本研修」の参加費を抑えられませんか？

A7　企業研修の場合は、助成金の要件に該当すれば参加費を大きく抑えられます。さらに、当社独自のサービスを併用し「実質ゼロ円」で受講できる可能性もあります。

会社単位ではなく営業所単位で受けたい場合は、決裁者様の同意を得ていただき、即決営業HPから「社員全員の成約率が2時間で上がる営業研修」にお申し込みください。本研修のエッセンスをギュッと絞ってお伝えいたします。

個人で受講される場合は、まずは無料の「保険特化セミナー」に参加していただければ、ご希望の方には、個別コンサルの1回無料特典があります。

そこで、あなたに必要なスキルアップ術を、プロトレーナーとじっくりご相談くださいね。

Q8　人と話すことが苦手でも保険営業で成功できますか？

A8　ご安心ください。人と話すのが苦手でも、成功している保険営業マンはたくさんいらっしゃいます。なぜなら「プロにアドリブはない」からです。

正しい営業術を学んだ方は、決まったトークを組み合わせてお客様と接しますので、その場の思いつきでペラペラ喋る必要はありません。

即興演奏が得意なピアニストが既存のメロディーを織り交ぜているように、売れる営業マンも豊富なセリフストックの中から、いつ、どのパターンを使うかを素早く選んでいるのです。

ですから、内気な性格でも、営業未経験でも「保険営業で成功したい」という気持ちがあって、学んだことを素直に行動に移せる方は、どんどん結果を出していきます。

結局は、正しいセリフを覚えて実践できるかどうかです。

人と話すことに自信のない方こそ、即決営業研修で「売れるトークの型」と安心感を手に入れてくださいね。

あわせて、簡単に使える「会話上手になる秘訣」もご紹介しておきます。

会話上手になる秘訣

①お客様の目を見て会話する

目を見るのは、相手の承認欲求を満たす最も簡単な方法です。加えて、会話中に「○○さん」と、こまめに名前を呼びかけると効果が高まります。

②あいづちを打つ

あいづちには、お客様の次の言葉を促す効果があります。話をよく聞いて「おお」「うわあ」「えーっ」など、感情表現を伴うあいづちを打ってみましょう。

③オーバーリアクション

いつもの自分の2倍3倍のリアクションをしてみましょう。声だけではなくジェスチャーも大切です。反応がいいほどお客様は喜び、もっと話したくなります。

④共通点を見つける

お客様は自分と似たものを「味方」と認識し、信頼しやすくなります。出身地が同じ、学生時代の部活が同じ、好きなバンドが同じなど、共通点を探りましょう。

「悩みを打ち明けたい」気持ちにさせる4要素

①褒める（最初は外見的なところから、徐々に内面的なところへ）
「着こなしのセンスがいいですね」「ステキなお庭ですね」「○○さんって、部下にすごく頼られそうな雰囲気ですね」

②認める（承認欲求を惜しみなく満たす）
「すごく努力されたんですね」「○○さんのおかげで会社が成り立っていますね」

③共感する（理解されているという安心感を与える）
「確かに、おっしゃる通りですね」「わかります、私もサウナ大好きです」

④労う（ちょっとした気遣いで心を動かす）
「いつも本当にお疲れさまです」「お忙しい中、お時間を取っていただきありがとうございます」「寒いので、温かい飲み物をお持ちしますね」

※お客様にどんな言葉をかけると「お悩みキーワード」が引き出せるのか、恐れずにどんどん試してストックしていきましょう！

あいづちの効果を最大限にする「さしすせそ」

> ①「さすがですね」「最高ですね」
> ②「知りませんでした」
> ③「すごいですね」「すばらしい」
> ④「センスいいですね」
> ⑤「そんなことがあったのですね」「そうなんですか」

「会話上手は聞き上手」ですから、営業マンはお客様に語らせてナンボ！

私に言わせれば、話すことが苦手な営業マンより、マシンガントークになりやすい営業マンのほうが10倍要注意です。

口が勝手に動くタイプはこちらの話も聞かず、教えたこともなかなか守ってくれませんので……。

あなたもぜひ、ここでご紹介した聞き上手のコツを身につけて、自信を育てていってくださいね！

●コラム５／代表の堀口龍介氏とのつながり

即決営業の代表である堀口と私の出会いは１９９８年、堀口が22歳の頃でした。

私が業界最大手の大学入試教材の訪問販売会社でマネージャーをしていたとき、採用面接を受けに来たのが堀口だったのです。

そのとき面接官だった私は、堀口の新人時代をずっと見てきました。

わずか数か月で営業のコツをつかんで爆発的に成長し、たった１人で年間1億2千万円を売り上げていたのは忘れられません。


その後、堀口は独立し、２０２０年の8月に、ある交流会で偶然再会。そのときに「実は即決営業という会社を設立し、代表を務めている」と聞きました。

私は「また一緒に働きませんか？」という堀口のオファーを受け、２０２１年1月より即決営業で個人・法人営業を担当することになりました。現在は、社外の営業マンに営業を教える研修講師も務めております。

次に堀口のプロフィールをご紹介します。

堀口龍介（ほりぐち　りゅうすけ）
即決営業コンサルタント／株式会社即決営業代表取締役

１９７６年、大阪生まれ。17歳から関西を中心にモデル活動をしていたが、お金になる仕事がもらえず、貧乏生活から抜け出すために、22歳のときに大学入試教材の訪問販売会社に入社。

「即決契約」にこだわることをモットーとして、翌年にはセールスマン１０００人以上の中で、年間個人売上1位の成績を収める。その後、全国の訪問販売会社を渡り歩き、１年以上在籍した3つの会社すべてで年間個人売上1位を獲得。

29歳で学習教材の訪問販売会社を起業し、自身が成果を上げてきた「即決」にこだわる営業術を社員に伝えて実践させた結果、初年度から年商2億７０００万円を達成する。

２０１０年、特定商取引法の改正、信販の使用不可の影響で売上が急落。

それを機に、社内スタッフから長期にわたる反発を受け、会議中に50名の前で土下座をするなどドン底を味わう。

その後、管理職の総入れ替え、業務の大幅改善などを経て、大阪から京都や東京にも拠点を広げ、グループ年商5億円を突破。

さらに39歳で株式会社即決営業を設立。社会貢献として、社外秘にしていた独自の営業術の公開を決意する。すべての営業過程を「即決のため」とすることから「即決営業メソッド」と名づけ、セミナー活動を開始。

現在は多くの講師（即決営業認定プロトレーナー）を育て、知人の口コミ限定で引き受けていた企業研修依頼を広く受け付けるほか、個人向けのセミナーも頻繁に開催し「即決営業メソッド」を惜しみなく伝えている。

座学中心ではなく参加型・体得型の研修のため「もっと早く受けたかった」「今日からでも使える」「すぐに成果が上がった」など、受講生から喜びの声は尽きない。

著書に『即決営業』（サンマーク出版）、『1分で売る AI時代の即決営業』（冬至書房）、『魔法のセールストーク』（実業之日本社）、『営業 即アポ』（ぱる出版）、『即決営業の超準備』、『即決！営業道場』（ともに秀和システム）があり、6冊すべてがAmazonランキングの営業・セールス部門で1位を獲得している。

株式会社即決営業
代表取締役
堀口 龍介

プロフィール

1998年　22歳の頃、当時最大手の大学入試教材訪問販売会社に入社。
1999年　入社翌年、営業マン1000人以上の中で、年間個人売上1位を獲得。
2000年　東京の先物取引営業会社に転職。3年連続個人売上1位。
2003年　学習教材の訪問販売会社に入社。2年連続個人売上1位。
2004年　1年間の成約率100%を達成し、起業を決意。
2005年　29歳で訪問販売会社を設立。初年度年商2億7千万円。
2010年　法改正の影響で信販が使用不可になり、売上が急落。
スタッフの不満が爆発し、50人の前で土下座するなど人生のドン底を味わう。
管理職の総入れ替えと業務改善を経て、業績は2年でV字回復。
京都・東京へとグループ拠点を広げ、年商5億円を突破する。
2011年　5年分の全営業マンのテレアポや商談の録音をすべて聞き直し
売れる営業マンと売れない営業マンの違いを徹底分析。
お客様の「考えます」の攻略と即決契約にこだわる自身の営業術を
誰でも再現できるように「即決営業メソッド32の極意」として体系化する。
2015年　口コミで営業研修の依頼が相次いだことを受け、株式会社即決営業を設立。
2016年　初著書『即決営業』（サンマーク出版）を出版。異例のロングセラーとなる。
2018年　「8人の敏腕コンサルタント」に選ばれ、日本流通産業新聞に掲載（新年特大号）
2019年　『1分で売る』（冬至書房）、『魔法のセールストーク』（実業之日本社）を出版。
プレジデント紙「話が面白い人、退屈な人」（11/22号）で特集記事が組まれる。
2020年　『営業・即アポ』（ぱる出版）を出版し、増刷を繰り返すベストセラーとなる。
同著でSNSマーケティング術も初公開。
2022年　『即決営業の超準備』（秀和システム）を出版。プレジデントオンライン、
出版専門誌「新文化」、Yahoo！ニュースなど多数メディアに掲載され話題となる。
2023年　『即決！営業道場』（秀和システム）を出版。Amazon本の売れ筋ランキングで
総合部門26位（9/12）、セールス部門1位、出版社史上歴代1位を獲得。
数々の講演や出版物を通じて「即決営業メソッド」を惜しみなく伝え続け、
年収1000万円以上、成約率80%以上のトップセールスを多数輩出している。

おわりに　最後までお読みいただいたあなたへ

ここまでお読みいただき、ありがとうございました。

生命保険商品を即決で売るべき理由、そのために必要なマインドやテクニックについてお伝えしてきましたが、いかがでしたでしょうか。

大切な営業仲間であるあなたの、これからの希望になれば幸いです！

私自身、保険業界を中心に28年間の実績を積み、現在は即決営業であらゆる業種の営業マンのスキルアップ研修を行っています。

その中で、生命保険営業に悩む方々にも親身に寄り添い、ドン底から数か月間で奇跡のようなV字回復をいくつも実現させてきました。

実は、その成功の最大の理由は、「即決営業メソッド」の再現性の高さと汎用性にあります。だからこそ、自信を持っておすすめしているのです。

ただ、どんなにすばらしいメソッドでも、スポーツと同じで、実践しなければ営業成績は上がりません。お客様の前で自然にトークが出てくるまで、反復練習が必要です。

そのためには、お客様役と営業役に分かれて練習し合うロープレを、役割を交替しながらとことん繰り返してみてください。

最終的には、お客様に会う瞬間から、商談を終えて別れるまで、通しのロープレが最も効果的です。

そして、ぜひ即決営業の研修にご参加ください。

あなたと同じ悩みを持ち、同じように成長を願う営業マンが集まりますので、切磋琢磨し、励まし合い、刺激を受けながら成長していけます。

最速で変われる環境が整っているのです。

ここで、まだ「即決営業」という言葉に抵抗を感じるあなたのために、なぜお客様に即決を迫るべきなのかを、改めてお伝えしておきます。

そもそも「即決」は、契約を急かすためにあるのではなく、「即、決めて、即、行動を起こす」ところに価値があるのです。

人生においてダラダラしても、何もいいことはありません。特に、生命保険の加入には健康上の問題やタイミングが大きく影響します。

実際、契約直後に病気が発覚して「助かった」と思ったのに、免責期間に該当したため給付金が支払われなかったようなケースも多々あるのです。

「あと数日早く契約していれば……」

「どうせ加入するなら、返事を先延ばしにしなければよかった」

このように悔やむ方々は、残念なことにあとを絶ちません。

私も家族のことで、即決の大切さを痛感した1人ですから、お客様にはそんな後悔をさせたくありません。あなたにも、させてほしくありません。

だからこそ、私は即決営業流を、お客様・営業マン・社会の「三方よし」の精神で自信を持って広めているのです。

ぜひ、次の二次元バーコードから、無料の「保険特化セミナー」に参加してみてください。お客様に感謝されながら自身の成功も叶える、そんな営業マンになれるよう、一緒に頑張っていきましょう！

https://sokketsueigyo.com/lp/lp/insurance/

即決営業認定プロトレーナー　栄本　友子

著者略歴

栄本　友子（えいもと　ともこ）

即決営業認定プロトレーナー。

営業歴 28 年、研修講師歴 14 年。

1000 人以上の営業マンが在籍する業界最大手の教材訪問販売会社にて、プレイングマネージャーとしての実力を遺憾なく発揮。チーム戦優勝、オフィス戦優勝に貢献し、自らはもちろん、部下の月収も 100 万円を超える。

その後、独立して予備校を立ち上げ、経営経験を積む。さらに家庭教師派遣の営業を経て、生命保険会社へと移籍。新たに B to B 営業や、無形商材の販売手法を体得して自己ベストを更新。低迷営業所を全国 1 位へと導く実績を残す。幅広い商品を売れる営業ウーマンとして「営業のことは栄本に聞け」と言われるようになる。

さらに、某生命保険会社の「金融機関代理店チャネル」にて、保険募集人に販売手法を教えて間接的に売上をつくる「ホールセラー」としても活躍。ライフワークとして、スタープレイヤーの輩出に注力し、華々しい実績を残す教え子が続出。

「栄本チルドレン」の活躍は、現在も留まるところを知らない。

執筆協力：芝原　未来／デザイン協力：中洲　公志

就職経験なし・知識なしからでも始められる！

「即決営業流」保険営業術

2024年 5 月29日　初版発行

著　者　栄本　友子 ©Tomoko　Eimoto
発行人　森　　忠順
発行所　株式会社 セルバ出版
〒 113-0034
東京都文京区湯島 1 丁目 12 番 6 号 高関ビル 5 B
☎ 03（5812）1178　　FAX 03（5812）1188
http://www.seluba.co.jp/
発　売　株式会社 三省堂書店／創英社
〒 101-0051
東京都千代田区神田神保町 1 丁目 1 番地
☎ 03（3291）2295　　FAX 03（3292）7687

●本書の内容に関する質問は FAX でお願いします。

印刷・製本　株式会社丸井工文社

Printed in JAPAN
ISBN978-4-86367-894-1